Felipe Dintel

COMO ESCREVER TEXTOS TÉCNICOS E PROFISSIONAIS

Todas as orientações para elaborar relatórios, cartas e documentos eficazes

Guias do Escritor

Felipe Dintel

Tradução: Gabriel Perissé

COMO ESCREVER TEXTOS TÉCNICOS E PROFISSIONAIS

Todas as orientações para elaborar relatórios, cartas e documentos eficazes

1ª edição
1ª reimpressão

Copyright © 2005 Alba Editorial, S.L.
Copyright desta edição © 2011 Editora Gutenberg

Todos os direitos reservados pela Editora Gutenberg. Nenhuma parte desta publicação poderá ser reproduzida, seja por meios mecânicos, eletrônicos, seja via cópia xerográfica, sem a autorização prévia da Editora.

TÍTULO ORIGINAL
Cómo escribir textos técnicos o profesionales

TRADUÇÃO
Gabriel Perissé

REVISÃO TÉCNICA
Cristina Antunes

PROJETO GRÁFICO DE MIOLO
Patrícia De Michelis
Diogo Droschi

EDITORAÇÃO ELETRÔNICA
Patricia De Michelis

REVISÃO
Ana Carolina Lins

PROJETO GRÁFICO DE CAPA
Diogo Droschi

EDITORA RESPONSÁVEL
Rejane Dias

Dados Internacionais de Catalogação na Publicação (CIP)
(Câmara Brasileira do Livro, SP, Brasil)

Dintel, Felipe
    Como escrever textos técnicos e profissionais : todas as orientações para elaborar relatórios, cartas e documentos eficazes / Felipe Dintel ; tradução Gabriel Perissé. – 1. ed. 1. reimp. – Belo Horizonte : Editora Gutenberg, 2013. – (Guias do Escritor ; 2)

    Título original: Cómo escribir textos técnicos o profesionales
    Bibliografia.
    ISBN 978-85-89239-91-2

    1. Comunicação na empresa 2. Correspondência comercial 3. Criatividade 4. Redação comercial I. Título. II. Série.

10-07614   CDD-808.066651

Índices para catálogo sistemático:
1. Redação empresarial 808.066651

EDITORA GUTENBERG LTDA.

São Paulo
Av. Paulista, 2.073, Conjunto Nacional,
Horsa I, 23º andar, Conj. 2301 .
Cerqueira César . 01311-940 .
São Paulo . SP .
Tel.: (55 11) 3034 4468

Televendas: 0800 283 13 22
www.editoragutenberg.com.br

Belo Horizonte
Rua Aimorés, 981, 8º andar .
Funcionários . 30140-071 .
Belo Horizonte . MG
Tel.: (55 31) 3214 5700

Sumário

INTRODUÇÃO **7**

1. O PROCESSO DE ELABORAÇÃO DO TEXTO **11**
    A tempestade de ideias 15
    Os mapas de ideias 16
    Métodos para apresentar as informações 22
    Mais dois formatos 24

2. QUE TIPO DE LINGUAGEM EMPREGAR? **27**

3. GALERIA DE CONSELHOS ESTILÍSTICOS **31**

4. A APRESENTAÇÃO DO TEXTO:
   CINCO RECOMENDAÇÕES **47**

5. OS TEXTOS PROFISSIONAIS **53**
    A carta comercial 54
    O relatório 62
    A ata 66
    O memorando 70
    A circular 73

6. ANEXOS **75**
    Fraseologia para a correspondência formal 76
    Guia de conectivos oracionais 77
    Abreviaturas nos textos técnicos e profissionais 80

7. ÚLTIMOS CONSELHOS **83**

8. CONCLUSÃO **85**

BIBLIOGRAFIA **87**

Introdução

Ninguém duvida que os escritores e os jornalistas devem dominar o ofício da escrita para realizar seu trabalho. Contudo, muitas vezes esquecemos que o bom uso da linguagem também determina a qualidade das tarefas desempenhadas por outros profissionais. Em muitas outras profissões é preciso produzir textos, mas, por não ser essa a sua principal função, escrever bem não recebe a devida importância. Erro crasso. Em numerosas ocasiões, nota-se que a eficácia de uma empresa ou de um órgão público é menor porque os que ali trabalham desconhecem ou se descuidam na hora de empregar os mecanismos da expressão escrita.

Se um documento interno de uma empresa está mal redigido, provavelmente os seus destinatários serão obrigados a pedir esclarecimentos a quem o escreveu, causando perda de tempo para todos. Se uma carta publicitária está escrita num tom inadequado, não será de estranhar que o cliente se incline a procurar o produto do concorrente. Se um órgão da administração pública utiliza uma linguagem confusa num edital, certamente os funcionários precisarão dedicar seu tempo para explicar aos cidadãos que tenham dúvidas o que de fato se quis dizer naquele documento.

A qualidade da comunicação entre os diferentes departamentos de uma empresa ou entre as diferentes seções de um órgão público, bem como as relações entre empresa e clientes, e entre órgão público e cidadãos, depende de textos escritos da melhor maneira possível. Além disso, o domínio da expressão escrita influi de modo determinante na imagem corporativa de uma empresa, evitando ambiguidades e equívocos que podem inviabilizar uma iniciativa empresarial ou uma medida administrativa.

Vale a pena, então, investir no aperfeiçoamento de nossos textos técnicos e profissionais? Sem dúvida que sim. Será a forma acertada não só de evitar falhas e equívocos, mas também de tirar melhor proveito das possibilidades que a comunicação escrita nos oferece, tendo em vista nossos objetivos profissionais.

> Não somente os escritores e os jornalistas devem dominar a escrita. Todos os profissionais devem cuidar desse aspecto, se quiserem trabalhar com eficácia e obter melhores resultados com seus textos.

No âmbito da empresa e da administração pública, há dois tipos de comunicação: a interna e a externa. A comunicação interna é a que se mantém com os sócios, os acionistas, os sindicatos, as filiais ou sucursais e entre os funcionários. Por outro lado, a comunicação externa é a que se estabelece com os fornecedores, os clientes, a mídia, os bancos, as empresas de seguro, a Receita Federal ou a Previdência Social.

Neste livro, vamos nos ocupar tanto dos textos que se escrevem na comunicação interna quanto daqueles que são próprios da comunicação externa. As orientações e os conselhos que os leitores encontrarão nas próximas páginas são úteis para os dois tipos de comunicação.

Como este manual se estrutura? Em primeiro lugar, abordamos os passos necessários para elaborar com facilidade e acerto um texto técnico ou profissional. Trata-se de um processo metódico devidamente detalhado.

A seguir, trabalharemos as questões linguísticas e estilísticas que uma pessoa deve ter em mente para que seus textos sejam o mais eficazes possível, analisando os tipos de textos mais frequentes no mundo profissional.

Por fim, apresentaremos informações muito úteis para serem consultadas no momento em que se for planejar a redação de um texto ou revisá-lo.

Nossa intenção, em suma, foi demonstrar que a importante tarefa de redigir um texto profissional — tarefa por vezes decisiva — é perfeitamente acessível e — por que não? — agradável e divertida.

1.
O processo de elaboração do texto

Quando vamos redigir um texto, devemos começar fazendo quatro perguntas fundamentais:
a. O que pretendo com esse texto?
b. Quem é o meu destinatário?
c. Que informações devo transmitir para atingir meu objetivo?
d. Como devo organizar essas informações?

Responder a essas perguntas constitui o núcleo do processo de pré-redação do texto. Obtidas as respostas, restará escrevê-lo. Vejamos, portanto, como responder àquelas questões.

O objetivo do texto

Nossa primeira tarefa é estabelecer com absoluta precisão qual é o objetivo do texto. Se nós próprios não sabemos exatamente o que pretendemos com o texto que vamos redigir, o resultado certamente será confuso. E é provável que gastemos mais tempo do que o necessário para escrever, pois teremos que fazer várias tentativas, abrindo caminhos a esmo, sem saber que rumo tomar. Estabelecer com clareza o objetivo principal de um texto é, portanto, vital na hora de empreender o trabalho. É condição fundamental para orientar corretamente nossos esforços. Vale a pena inclusive que escrevamos o objetivo num papel à parte, que ficará sempre por perto durante a elaboração do texto.

No momento de definir o objetivo principal, devemos formulá-lo de tal maneira que nos permita avaliar se o alcançamos ou não, ou em que medida o atingimos. Vejamos um exemplo, sobre o qual trabalharemos ao longo deste capítulo.

Vamos imaginar que trabalhamos no departamento comercial da empresa XYZ, voltada para a confecção de calçados, e que precisamos escrever uma carta a um dos nossos clientes — uma rede de sapatarias — para que compre nossa nova linha de calçados.

O objetivo principal é este:
- *Fazer com que a empresa Sapataria Real compre a nova linha de calçados da nossa marca.*

O destinatário

Se no campo literário é uma discussão aberta saber se o escritor deve ou não escrever pensando nos leitores, o mesmo não ocorre com relação aos textos técnicos e profissionais. Neste âmbito é fundamental levar em conta quem é o nosso destinatário. Devemos descartar a ideia de que, redigindo com a suficiente correção gramatical, o problema estará resolvido. Para alcançar os objetivos que nos propusemos atingir, é fundamental captar a atenção do leitor, de modo que ele não leia em diagonal ou jogue nosso texto fora. E, para conseguirmos essa atenção, vale a pena tentar conhecer ao máximo o nosso destinatário. Poderemos, assim, decidir que vocabulário empregar, que argumentos serão mais convincentes, que esclarecimentos serão necessários e quais poderemos antecipar, com que exemplos ilustraremos nosso raciocínio, etc.

Muitas vezes o destinatário será para nós um completo desconhecido — talvez só saibamos o cargo que ocupa e, com sorte, o seu nome —, levando-nos a manter um tom neutro, que corresponda ao cargo ocupado por uma pessoa seja ela quem for. No entanto, em outras ocasiões será possível adequar melhor nosso texto, não apenas ao cargo, mas também à pessoa em questão, ou por nos relacionarmos com ela, ou por termos recebido informações a seu respeito.

E que informações poderão ser úteis? Por um lado, a idade e o sexo. Isso não significa que tenhamos de tratar uma pessoa com maior ou menor cortesia, dependendo da idade que tenha, ou se for homem ou mulher. Simplesmente poderemos buscar caminhos de identificação em razão desses dados, evitando, é claro, ideias preconcebidas.

Outras informações de interesse são o currículo profissional e a escolaridade e, de modo especial, o nível de conhecimento que nosso destinatário possui acerca do assunto sobre qual vamos escrever. Em alguns casos, também será muito útil conhecer o seu caráter, seus valores e sua ideologia. Se, além disso, sabemos a que tipo de argumentação ele é mais receptivo — argumentações conceituais, baseadas em teorias e metodologias, ou argumentações narrativas, baseadas em fatos ou informações, ou argumentações afetivas, baseadas em sentimentos —, teremos um retrato completíssimo de nosso destinatário. Apoiados nesse retrato, decidiremos que tom empregar e que argumentos priorizar.

> Quanto mais dados tenhamos sobre o nosso destinatário, melhor adaptaremos o texto à sua personalidade e mais facilmente alcançaremos os objetivos fixados.

Voltando ao nosso exemplo, imaginemos agora que o destinatário de nossa carta é o Sr. José Carlos Oliveira, responsável pelas compras da empresa Sapataria Real. É um homem de 35 anos de idade, que estudou até o ensino médio, com uma longa experiência no mercado de calçados, primeiro como empregado em diferentes sapatarias, e há dez anos como chefe de compras da Sapataria Real. Graças à relação que mantemos com ele há seis anos, sabemos que é uma pessoa diferente de outros compradores, especialmente preocupado com o nome da empresa e com a qualidade e novidade dos produtos que oferece. As questões econômicas são importantes para ele, é óbvio, mas estão em segundo lugar. E uma última informação: sabemos que é osso duro de roer, e é preciso reconquistar sua confiança a cada novo contato comercial.

Os conteúdos

Uma vez definido o principal objetivo do texto a escrever e estando bem desenhado o perfil do destinatário, surge uma pergunta óbvia: como alcançar esse objetivo? A resposta reside na próxima etapa da preparação do texto: o estabelecimento dos objetivos intermediários. Para usarmos a metáfora do alpinismo, devemos nos perguntar quais vertentes da montanha nos conduzirão ao cume, que é o nosso objetivo final. Devemos subir pelas mais transitáveis. Mas não há razão para excessos: basta definir três a cinco objetivos intermediários bem escolhidos, ou seja, direcionados ao objetivo principal e à personalidade do destinatário, se a conhecermos. Retornando ao exemplo, algumas vertentes exequíveis seriam as seguintes:

Objetivos intermediários:
- *Informar ao Sr. Oliveira as vantagens e os benefícios da compra.*
- *Lembrar-lhe a qualidade da nossa mercadoria e do nosso serviço.*
- *Apresentar-lhe a nova linha de calçado, enfatizando que está de acordo com a moda.*
- *Oferecer-lhe condições vantajosas para a compra.*

> Fixar objetivos intermediários facilita-nos alcançar o objetivo principal.

Após estabelecer os objetivos intermediários, entramos numa nova fase. Agora vamos escolher as informações a serem transmitidas em nosso texto. Abordamos, portanto, o que se tornará conteúdo do texto: dados, motivos, argumentos, soluções... Tudo isso aparecerá na redação definitiva.

Como saber quais as informações a serem transmitidas? A melhor forma consiste em nos guiarmos pelos objetivos intermediários já estabelecidos. Todas aquelas ideias que compõem esses objetivos serão úteis. Numa escala progressiva, dar conta dos objetivos intermediários permitirá o alcance do objetivo principal.

Mas para definir que ideias são ou não válidas para atingir nossos objetivos intermediários precisamos, antes de mais nada, de uma torrente de ideias. E como provocar essa torrente? Um bom método é a chamada tempestade de ideias.

A TEMPESTADE DE IDEIAS

É bom esclarecer que, em princípio, a tempestade de ideias é um método grupal, não individual. Costuma ser utilizado para provocar a geração de ideias numa reunião entre várias pessoas, com a presença de um moderador. De fato, é mais fácil produzir ideias em grupo do que solitariamente. Quando temos de realizar a confecção de um documento de certa importância, não devemos recusar a possibilidade de convocar colegas ou parceiros de nossa empresa, departamento ou associação para que participem dessa fase do processo redacional. Aliás, esse é um procedimento comum em muitas empresas. De qualquer modo, a essência do método, como veremos, é aplicável por uma só pessoa.

Mas em que consiste, afinal? A tempestade de ideias é uma forma de favorecer a profusão de ideias sem que se avalie, em princípio, se são úteis ou se estão orientadas pela lógica. E o que se pretende com tal ausência de filtros? Evitar um problema muito frequente: muitas boas ideias morrem em razão da crítica destrutiva a que são submetidas antes de amadurecerem. O que se busca, em primeiro lugar, é tão somente gerar ideias. A avaliação e as críticas ficam para mais tarde.

Para que o método da tempestade de ideias seja eficaz, a reunião deve ocorrer num clima descontraído, de forma a estimular a participação de todos os presentes, favorecendo a comunicação entre eles. O papel do moderador, que não precisa ser a pessoa que convocou a reunião, é vital para que haja essa distensão. Também é sua função, por outro lado, organizar as intervenções, evitando que a reunião se converta numa baderna. Ao mesmo tempo, cabe ao moderador ter a destreza suficiente para fomentar a colaboração de todos para que se aproveite ao máximo a imaginação de cada um dos participantes.

Para atingir esse fim, deverá lançar perguntas que estimulem a criatividade dos assistentes e cortar as intervenções que queiram desmerecer as ideias dos outros.

Quanto ao funcionamento da reunião, o moderador pode limitar-se a apresentar o tema do encontro — em nosso caso, o objetivo principal e os objetivos intermediários — e anotar as ideias lançadas pelos participantes. Mas também pode propor um método para organizar a tempestade de ideias. Um dos mais empregados é o método dos mapas de ideias.

OS MAPAS DE IDEIAS

Os mapas de ideias são um método para gerar ideias por associação. Baseia-se em dois princípios. Em primeiro lugar, no fato de que o cérebro humano não opera apenas com uma lógica linear, mas associando, comparando e integrando ideias. Em segundo lugar, na evidência de que qualquer palavra ou conceito mantém múltiplas conexões com outras ideias. Como dizíamos, trata-se de um método muito útil para articular uma sessão de tempestade de ideias.

Como desenhar um mapa de ideias?

O moderador escreve o problema fundamental no centro de uma lousa ou do papel de um *flipchart* — no nosso caso, como dizíamos, o objetivo principal ou cada um dos objetivos intermediários —, rodeia-o com um círculo, a partir do qual traça flechas em todas as direções, apontando para outros círculos. Trata-se, então, de preencher os círculos com as propostas dos participantes. Certamente não se devem elaborar frases complexas e perfeitas. Em muitos casos, bastará uma palavra ou breve frase — ou mesmo um símbolo ou um desenho — para anotar a ideia. As circunferências preenchidas darão pé a novos "satélites", e assim sucessivamente.

Como a construção desses mapas de ideias estimula a geração de propostas por associação, acontecerá que muitas vezes o moderador ou os participantes perceberão conexões entre círculos que não surgem do mesmo epicentro. Isso permitirá, mais tarde, a possibilidade de agrupar ideias tendo em vista a resolução do problema ou, em nosso caso, a redação do texto. Para identificar essas conexões será bom utilizar gizes ou canetas de diferentes cores, a fim de que os participantes possam ver melhor em que direção as associações estão se estabelecendo.

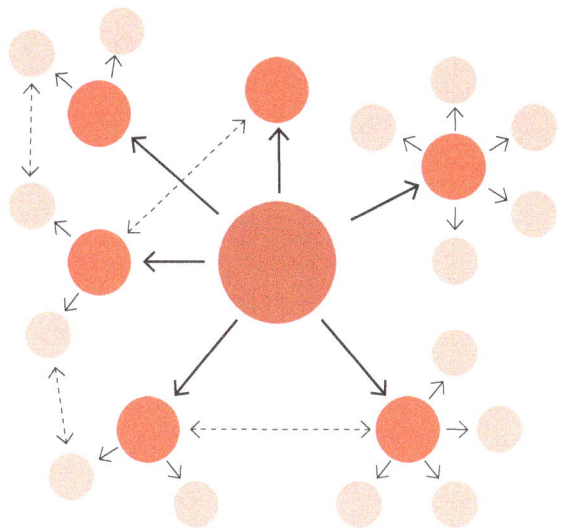

O resultado será um esquema visual de alguns caminhos para solucionar o problema, ou, em nosso caso, dos conteúdos que vão favorecer a consecução do nosso objetivo principal ou de nossos objetivos intermediários. A seguir, é evidente, será preciso iniciar um debate e tomar decisões sobre as ideias e associações entre ideias que serão adotadas e as que serão afastadas. Mas o objetivo desta fase do processo de solução de um problema — a geração de um número considerável de ideias — terá sido alcançado.

O método dos mapas de ideias é apenas um dos muitos que existem para estimular a imaginação. Como vimos, organiza o desenvolvimento de uma tempestade de ideias. Contudo, essa tempestade de ideias pode acontecer sem uma pauta anterior, de maneira caótica, não por isso menos criativa. Por esse motivo, voltaremos ao nosso exemplo sem adotar o método dos mapas mentais, como se durante a tempestade tivéssemos já tomado nota das ideias, sem associá-las umas com as outras. Veremos depois como organizá-las.

> A tempestade de ideias e os mapas de ideias permitem explorar numerosos caminhos em direção aos objetivos propostos para escrever o nosso texto. Ambos os métodos podem ser aplicados por um grupo ou por uma pessoa sozinha.

Tempestade de ideias:
- *Grande qualidade do produto.*
- *Baixo custo.*
- *Vendas garantidas.*
- *Produto destinado a pessoas que queiram estar na moda.*
- *Suas sapatarias continuarão sendo referência para os clientes de bom gosto.*
- *Seriedade e garantia de nossa marca.*
- *Grande margem de lucro.*
- *Possibilidade de vendas condicionais.*
- *Marca reconhecida e de prestígio.*
- *É preciso pensar tanto na empresa quanto no cliente.*
- *Risco mínimo.*
- *Linha retrô.*
- *Linha arrojada e, ao mesmo tempo, apropriada para o uso diário.*
- *É preciso levar em conta as variações do mercado.*
- *Você ganhará pontos dentro de sua empresa.*
- *Não se deve estar fechado para as mudanças.*
- *Deve-se fazer investimentos acertados.*
- *Produto novo e competitivo.*
- *Somente algumas lojas terão esta nossa nova mercadoria.*
- *Recebemos poucas reclamações, mas quando acontecem a fábrica se encarrega de solucioná-las.*
- *Sempre respeitamos os compromissos.*
- *Pontualidade nas entregas.*
- *Gama de cores atraentes.*
- *Você despertará a inveja de todos os chefes de compra.*
- *Convidar o Sr. Oliveira para visitar o nosso* showroom.
- *Possibilidade de desconto de acordo com o volume da compra.*
- *Nós dependemos de vocês, e vocês dependem de nós.*
- *Enviamos um catálogo.*
- *Design atual e exclusivo.*
- *Produto de impacto.*
- *Boa relação qualidade/preço.*
- *Temos muitos anos de experiência no mercado de calçados.*
- *Não comprar denotaria falta de confiança em nossa marca.*
- *É preciso levar em conta a concorrência.*
- *O público busca novos modelos.*
- *Mercadoria fácil de vender.*

A organização das informações

Como vemos, a lista que surgiu da tempestade de ideias recolhe de modo desordenado e sem nexo todo tipo de ideias. Agora é preciso selecionar as que vamos utilizar, eliminando as que consideremos dispensáveis. E qual o critério para realizar essa seleção? Apoiando-nos justamente nos objetivos intermediários. Todas aquelas ideias que fomentem um dos objetivos intermediários podem ser úteis. As restantes — incompatíveis com aqueles objetivos ou redundantes — serão excluídas.

Para desenvolver essa fase, acrescentaremos uma letra a cada objetivo intermediário. Em seguida, retomaremos a lista que nasceu da tempestade de ideias e vamos assinalar cada item com a letra que lhe corresponder, suprimindo as ideias que consideremos inúteis. Vamos em frente:

Objetivos intermediários:
- *Informar ao Sr. Oliveira as vantagens e os benefícios da compra (A).*
- *Lembrar-lhe a qualidade da nossa mercadoria e do nosso serviço (B).*
- *Apresentar-lhe a nova linha de calçado, enfatizando que está de acordo com a moda (C).*
- *Oferecer-lhe condições vantajosas para a compra (D).*

Lista de ideias:
- *Grande qualidade do produto (C).*
- *Baixo custo (A).*
- *Vendas garantidas (A).*
- *Produto destinado a pessoas que queiram estar na moda (C).*
- *Suas sapatarias continuarão sendo referência para os clientes de bom gosto (A).*
- *Seriedade e garantia de nossa marca (B).*
- *Grande margem de lucro (A).*
- *Possibilidade de vendas condicionais (D).*
- *Risco mínimo (A).*
- *Linha retrô (C).*
- *Linha arrojada e, ao mesmo tempo, apropriada para o uso diário (C).*
- *Produto novo e competitivo (C).*
- *Recebemos poucas reclamações, mas quando acontecem a fábrica se encarrega de solucioná-las (B).*
- *Sempre respeitamos os compromissos (B).*

- *Gama de cores atraentes (C).*
- *Convidar o Sr. Oliveira para visitar o nosso showroom (C).*
- *Possibilidade de desconto de acordo com o volume da compra (D).*
- *Enviamos um catálogo (C).*
- *Design atual e exclusivo (C).*
- *Produto de impacto (C).*
- *Boa relação qualidade/preço (C).*

Agrupemos as ideias selecionadas sob as epígrafes correspondentes aos objetivos intermediários.

Conjunto das ideias referentes aos objetivos intermediários

Objetivo intermediário A: informar ao Sr. Oliveira as vantagens e os benefícios da compra.
- *Baixo custo (A).*
- *Vendas garantidas.*
- *Suas sapatarias continuarão sendo referência para os clientes de bom gosto.*
- *Grande margem de lucro.*
- *Risco mínimo.*

Objetivo intermediário B: lembrar-lhe a qualidade da nossa mercadoria e do nosso serviço.
- *Seriedade e garantia de nossa marca.*
- *Recebemos poucas reclamações, mas quando acontecem a fábrica se encarrega de solucioná-las.*
- *Sempre respeitamos os compromissos.*

Objetivo intermediário C: apresentar-lhe a nova linha de calçado, enfatizando que está de acordo com a moda.
- *Grande qualidade do produto.*
- *Produto destinado a pessoas que queiram estar na moda.*
- *Linha retrô.*
- *Linha arrojada e, ao mesmo tempo, apropriada para o uso diário.*
- *Produto novo e competitivo.*
- *Gama de cores atraentes.*
- *Convidar o Sr. Oliveira para visitar o nosso showroom.*
- *Enviamos um catálogo.*
- *Design atual e exclusivo.*

- *Produto de impacto.*
- *Boa relação qualidade/preço.*

Objetivo intermediário D: oferecer-lhe condições vantajosas para a compra.
- *Possibilidade de vendas condicionais,*
- *Possibilidade de desconto de acordo com o volume da compra.*

A última etapa anterior à redação do texto consiste em decidir a ordem em que serão abordados os objetivos intermediários.

Conhecendo a personalidade do Sr. Oliveira, para quem a qualidade e a novidade do produto são mais importantes do que as questões de ordem econômica, apresentaremos primeiramente os argumentos do objetivo intermediário C, depois os objetivos A e D, lembrando-o, no final da carta, de que pode confiar em nós, com base nos argumentos do objetivo intermediário B.

Resta-nos agora redigir a carta:

XYZ Ltda.
Al. dos Nhambiquaras, 802
CEP 04090-000
São Paulo - SP
www.xyz.com.br
Tel.: 5555-7777

Sr. José Carlos Oliveira
Chefe de compras
Sapataria Real Ltda.
Av. 23 de agosto, 79
CEP 04888-222
São Paulo — SP

Ref.: 066/04
São Paulo, 19 de novembro de 2009

Prezado Sr. Oliveira:
Esta carta tem por objetivo apresentar-lhe a nova coleção de calçados criada por nossa marca, uma coleção atual e exclusiva.
Destinada a pessoas que buscam as últimas tendências da moda, trata-se de uma linha retrô, arrojada e, ao mesmo tempo,

apropriada para o uso diário. Como poderá constatar no catálogo que lhe enviamos em anexo, há uma gama de cores atraentes, que acentuam sua originalidade e seu impacto. Para que o senhor possa avaliar por si mesmo, nos próximos dias o convidaremos a visitar nosso *showroom*.

Além da conhecida qualidade de nossos produtos, este novo produto possui um *design* criativo e também uma excelente relação entre qualidade e preço. Tudo isso garante que nossa nova linha será um produto fortemente competitivo no mercado atual.

Por outro lado, a compra de nossa nova linha de calçados será muito vantajosa para a sua empresa. Em primeiro lugar, os custos adequados da nossa mercadoria permitirão ampla margem de lucro. Em segundo lugar, o risco é mínimo, dado que, com o aval de nossa marca, as vendas estão garantidas. Em terceiro lugar — e isso é tão ou mais importante —, suas lojas continuarão sendo uma referência para os clientes mais exigentes, modernos e elegantes.

Como prova da confiança que depositamos em nossa nova linha, oferecemos à sua empresa a possibilidade de escolher entre vendas condicionais ou, de acordo com o volume da compra, descontos significativos.

Por fim, queremos recordar-lhe a seriedade e garantia que nossa marca sempre demonstrou ter. Nunca faltamos aos nossos compromissos e, quanto à qualidade da nossa mercadoria, as escassas reclamações recebidas por nós sempre foram, como é do seu conhecimento, pronta e satisfatoriamente solucionadas.

Reafirmando que em breve receberá um convite para visitar-nos, ficamos à sua inteira disposição para qualquer esclarecimento.

Atenciosamente,

Ana Soares
Departamento comercial

MÉTODOS PARA APRESENTAR AS INFORMAÇÕES

Complementando o processo que estamos acompanhando até aqui, enumeramos agora uma série de métodos de organização das informações no texto. Podemos adotar esses métodos tanto na hora de estabelecer ou pôr em ordem os objetivos intermediários quanto no momento de redigir um texto mais simples, que não precise seguir o processo que acabamos de ver.

Comparativo

Este método consiste em dividir o material segundo dois critérios: semelhanças e diferenças entre ideias. Um caso habitual de aplicação do método comparativo é o balanço de prós e contras de uma determinada iniciativa. Esse método é reforçado no texto por intermédio de conectivos oracionais como "contudo", "por outro lado", "contrariamente", "no entanto", "em contrapartida", etc.

Causal

Trata-se de apresentar o tema do texto mediante relações de causa e efeito. É um método muito bom, por exemplo, quando se deseja explicar de modo detalhado o desencadeamento de uma determinada situação. Este método se utiliza de conectivos oracionais como "portanto", "dado que", "em consequência", "uma vez que", "por isso", "daí que", etc.

Cronológico

É um método de organização muito simples e eficaz. Trata-se de organizar os dados e os fatos de acordo com sua aparição no tempo. Podemos optar pela apresentação dos acontecimentos iniciais até o mais recente, ou, como acontece em alguns romances, iniciar o texto com o fim e ir retrocedendo para expor o que aconteceu anteriormente. O método cronológico se utiliza de conectivos entre ideias como "inicialmente", "posteriormente", "depois", "finalmente", "a seguir", "a princípio", "ao final"...

Resolutivo

Trata-se de trabalhar com o binômio problema/solução. O método consiste em apresentar um problema e suas consequências, abordando possíveis soluções, sem deixar de mencionar os obstáculos para sua aplicação. É o caso, por exemplo, de uma reclamação. Começa-se por apresentá-la e, a seguir, expõem-se as soluções, que vão desde um possível processo judicial contra o destinatário a uma tomada de decisão por parte do remetente.

Indutivo ou dedutivo

Neste caso, o texto se articula a partir de uma das duas formas fundamentais de argumentação: a indução e a dedução.

Se seguirmos o método indutivo, apresentaremos inicialmente uma série de ideias ou fatos para, com base neles, chegar a uma afirmação ou conclusão. Iremos, portanto, do particular para o geral, das partes para o todo. Se, ao contrário, preferirmos o método dedutivo, começaremos com uma afirmação categórica e depois apresentaremos os fatos ou dados que confirmem nossa opinião. Caminharemos, portanto, do geral para o particular, do todo para as partes.

Hierárquico

Neste caso, a importância dos temas é o que determina a ordem de apresentação. Normalmente, começa-se pelos temas mais importantes e se termina com os temas secundários (veja-se adiante o formato da pirâmide invertida), embora também possamos atuar de modo oposto. É um método muito proveitoso para mostrar ao destinatário uma ordem de prioridades.

Analógico

Trata-se de transmitir as informações estabelecendo um paralelismo com outra sequência de dados ou fatos, já conhecidos do leitor, seja porque pertencem ao acervo cultural de uma comunidade, seja porque redator e destinatário compartilham esse conhecimento.

Narrativo

Neste caso, as informações se organizam como se fosse um relato, empregando-se a clássica estrutura do começo/meio/fim.

MAIS DOIS FORMATOS

Para além dos métodos que acabamos de ver, a organização das informações pode adotar ainda dois formatos: o formato piramidal invertido e o formato romboidal.

A apresentação das informações no formato de pirâmide invertida é um clássico das escolas de jornalismo. Segundo esse critério, deve-se começar falando do mais interessante — que em jornalismo costuma coincidir com o desfecho da situação — e prosseguir com a exposição numa ordem descendente, indo do mais importante ao secundário. Como vemos, é um método de escrita oposto às formas clássicas da escrita literária ou narrativa, que vão alimentando a curiosidade do leitor até chegar ao desenlace.

A adoção da fórmula da pirâmide invertida numa carta comercial pretende centrar a atenção do destinatário no tema principal desde a primeira linha do primeiro parágrafo. O restante da carta versa sobre esse tema principal, dando informações suplementares. É um bom método para transmitir notícias, fazer reclamações ou manifestar cortesia.

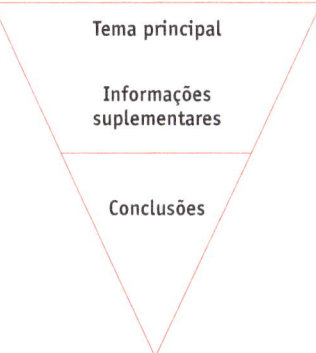

Já o formato romboidal pretende preparar o leitor antes de falar sobre o tema principal. A estrutura compõe-se de introdução, desenvolvimento do tema principal, que em geral consiste numa mensagem negativa — não aceitar uma oferta, por exemplo — e, finalmente, a apresentação de opções à mensagem negativa anterior.

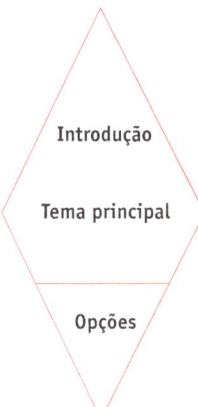

2.
Que tipo de linguagem empregar?

O registro próprio dos textos técnicos e profissionais encontra-se a meio caminho entre a linguagem culta e a linguagem coloquial. Quando redigimos um memorando ou uma carta comercial, não devemos tentar encantar o leitor mostrando um grande leque de recursos estilísticos. Essa é uma estratégia própria do texto literário, e o nosso objetivo é transmitir informações de modo direto, sem ornamentos.

Por outro lado, não seria adequado ao tipo de comunicação que queremos estabelecer, formal e distante, o uso de expressões pertencentes a algum tipo de jargão ou ao registro coloquial. Portanto, na hora de escrever um texto técnico ou profissional devemos recorrer ao que se chama língua padrão, ou seja, àquele tipo de linguagem comum a todos os falantes de nossa comunidade idiomática.

Nossos textos devem reger-se pelos seguintes princípios:

Clareza

Um estilo é claro quando as ideias de quem escreve penetram sem esforço na mente do leitor. Para que isso seja possível devemos evitar o rebuscamento expressivo, escrevendo com simplicidade e naturalidade. Do ponto de vista linguístico, o melhor caminho para alcançar o objetivo a que nos propusemos com o texto é o caminho direto. Ou, em outras palavras, quanto mais acessível for o nosso modo de expressão, mais facilmente atingiremos nossa meta.

Para tanto é conveniente:
- *Usar de preferência palavras simples e conhecidas, evitando tecnicismos desnecessários e o jargão profissional.*
- *Empregar frases curtas com estrutura sintática simples.*
- *Respeitar a ordem natural da frase em português (sujeito + complemento do sujeito + verbo + complemento do verbo).*

A cuidadosa disposição dos parágrafos e capítulos e uma tipografia variada, que ajude a perceber claramente a estrutura do texto, contribuirão para facilitar sua compreensão.

Correção

A nossa linguagem jamais deve afastar-se da ortodoxia gramatical e deve respeitar rigorosamente as normas relativas ao léxico e à sintaxe. Nenhum profissional que se preze deve ter privações nesse campo. Se percebe não estar apto a escrever de acordo com as regras gramaticais, deve procurar resolver esse problema o mais rápido possível, pois a imagem de sua empresa ou negócio depende em boa parte da correção de seus textos.

Brevidade e concisão

Não esqueçamos jamais que no âmbito em que trabalhamos, no mundo profissional, o tempo vale ouro. Qualquer texto que sofra de prolixidade corre o risco de ser lido mais tarde ou, no pior dos casos, abandonado e esquecido pelo destinatário. Devemos, portanto, ser especialmente cuidadosos no momento de transmitir nossas informações, fazendo-o com brevidade. Isso não significa escrever telegraficamente, mas de modo conciso. E a concisão não implica laconismo, mas densidade. Estilo denso é aquele em que cada linha, cada palavra, cada frase estão carregadas de sentido. Nossos textos devem orientar-se pela lei da necessidade, ou seja, não devem cair na redundância nem comunicar informações inúteis.

De qualquer modo, não se deve adotar a brevidade em detrimento da clareza. É fundamental que o leitor compreenda perfeitamente o que lhe queremos transmitir. Se, para isso, é necessário alongar-nos um pouco mais, é preferível isso a permitir confusões e mal-entendidos.

Para que os nossos textos sejam breves, existem algumas estratégias:
- *Eliminar as perífrases e os circunlóquios desnecessários.*
- *Preferir as palavras curtas a seus sinônimos de muitas sílabas (por exemplo, é melhor usar "hoje" no lugar de "atualmente").*
- *Tomar cuidado para não incidir em redundâncias, sejam ideias repetidas, sejam "muletas" em si mesmas redundantes.*
- *Controlar o número de adjetivos e advérbios que, embora possam enriquecer o texto, contribuem para a prolixidade.*

Falaremos mais detalhadamente sobre algumas dessas estratégias no capítulo seguinte, "Galeria de conselhos estilísticos".

Tratamento igualitário e não sexista

O modo de tratarmos os destinatários deve ser educado e afável, evitando expressões excessivamente carinhosas ou, pelo contrário, subservientes.

Devemos estar especialmente atentos para não incorrer em atitudes ou expressões etnocêntricas ou sexistas. Nossos textos, além de refletirem a imagem pessoal de quem escreveu, mostram as características da nossa empresa ou do órgão público em que trabalhamos. Mostram sua "política".

Por isso — e também, é claro, por uma questão de ética —, é fundamental tentarmos escrever numa linguagem não sexista e, em particular, evitar preconceitos, como supor que determinado trabalho ou cargo refere-se necessariamente a uma pessoa de determinado sexo.

A recomendação anterior não justifica o abuso das formas duplas ("os diretores e as diretoras se reunirão com os empregados e as empregadas para...") ou que utilizemos sinais gráficos estranhos ao dicionário como a arroba (@), com a qual, em alguns lugares, combate-se o uso discriminatório da linguagem, em especial contra as mulheres. Implica, isso sim, que tenhamos um cuidado especial com os cabeçalhos — nos quais não há problema em utilizar formas duplas, como algumas empresas já fazem — e no léxico, preferindo palavras claramente inclusivas de ambos os sexos e deixando de lado as que podem demonstrar-se exclusivistas: por que dizer somente "os médicos" para englobar médicos e médicas quando podemos recorrer a uma expressão genérica que inclua ambos os sexos como "equipe médica"? O fato de que o gênero gramatical masculino possa abarcar homens e mulheres não impede que a visibilidade da mulher fique muito mais protegida com determinadas formas e menos com outras.

Por ouro lado, o tratamento igualitário que deve caracterizar a correspondência profissional moderna aconselha que reservemos os tratamentos cerimoniosos ("Vossa Excelência", "Ilustríssimo Senhor", "Vossa Senhoria", etc.) para os documentos relacionados com a convocação e a celebração de certos atos solenes. Nos demais casos, basta ater-se ao tratamento de "senhor" ou "senhora".

> A linguagem dos nossos textos deve ser clara, concisa, gramaticalmente correta e não sexista.

3.
Galeria de conselhos estilísticos

Depois de termos conhecido o processo de elaboração de um texto e de termos refletido sobre o tipo de linguagem que devemos utilizar, abordemos agora detalhadamente alguns aspectos concretos da escrita. Reúnem-se aqui alguns conselhos para o aperfeiçoamento estilístico de nossos textos. Os textos técnicos e profissionais costumam padecer de uma série de erros linguísticos e estilísticos que podem ser detectados por aqueles mesmos que os escrevem. O objetivo deste capítulo é trazer à tona esses erros e ajudar o leitor a identificá-los e corrigi-los.

Preferir palavras concretas a expressões abstratas

Um dos principais inimigos da comunicação é a falta de concretude. Quanto mais vago e abstrato um texto, quanto mais ideias difusas e indefinidas ele tenha, mais distante ficará do leitor. Para dar um fim a esse problema precisamos adotar algumas estratégias muito úteis:

a. Evitar ao máximo o uso de palavras cujo leque de significados seja demasiado amplo ("coisa", "tema", "problemática", "elemento", "fator", etc.).

b. Ilustrar e exemplificar as ideias com fatos. Se em lugar de escrever de forma conceitual — recorrendo em excesso a conceitos e abstrações —, utilizamos imagens e dados, estimularemos a capacidade de compreensão e memorização do leitor. É bom esclarecer que ao falar em imagens não nos referimos neste caso a fotografias ou gráficos, mas à descrição de fatos, lugares e objetos.

Assim, em vez de dizer que "se produziu um aumento da sinistralidade laboral", é preferível citar o número de acidentes de trabalho e a porcentagem que revela o aumento desses acidentes em comparação com o período anterior. Além disso, pode-se especificar os tipos de acidente, ou mesmo descrever as circunstâncias em que ocorrem.

Outro exemplo: "O flagrante absenteísmo laboral de muitos cargos intermediários atua em detrimento da eficácia da instituição". A ideia que se pretende expressar com essa frase ficará mais clara para o leitor se indicarmos quantos funcionários faltam ao serviço injustificadamente, com que frequência o fazem e que consequências concretas sua ausência tem produzido na vida da empresa (queda do número de clientes, perda de subsídios que antes era mais fácil obter, queixas dos colegas que precisam fazer o trabalho dos faltantes, aumento do número de baixas laborais entre os empregados subalternos, reclamações dos clientes, etc.).

Preferir palavras de uso comum

Por vezes, a intenção de transmitir uma imagem de seriedade e profissionalismo em nossos textos leva-nos a escrever de modo empolado, empregando palavras rebuscadas. Normalmente, o que se consegue com isso é o contrário do que procurávamos: o suposto profissionalismo converte-se em falta de inteligibilidade, e a seriedade em pedantismo.

Sempre que possamos escolher, devemos empregar palavras simples, de uso comum.

Exemplos:

Diremos	*em lugar de*
excesso	superabundância
recipiente	receptáculo
comparação	cotejo
capacidade	condão
divisão	dicotomia
concretizar	positivar

Quanto ao uso do jargão profissional específico, ou de uma terminologia própria de uma empresa ou instituição que os "de fora" não compreendam bem, devemos atuar com muito cuidado. Em numerosas ocasiões, os textos profissionais estão cheios de tecnicismos, modos muito próprios de compor as frases, abreviaturas, etc., acessíveis apenas, numa primeira leitura, àqueles que dominam a matéria. Em alguns casos, o leitor sequer encontra o significado de certas expressões nos dicionários comuns. Por isso, se considerarmos necessário empregar um tecnicismo ou algum termo menos frequente que provavelmente o leitor desconheça, o correto será esclarecer o seu significado.

Evitar os circunlóquios

Outra falha habitual em textos técnicos e profissionais é o excesso de circunlóquios — expressar com muitas palavras algo que poderia se dizer com poucas. Um caso de circunlóquio especialmente torturante são as perífrases verbais, ou seja, um conjunto de palavras que poderiam ser resumidas num verbo ("ser da opinião" por "opinar", "fazer a entrega" por "entregar", "realizar uma entrevista" por "entrevistar", etc.).

Circunlóquios e perífrases verbais andam de mãos dadas com o discurso empolado, em muitos casos com o pedantismo e, mais grave ainda, com a confusão. Por isso é bom revisar nossas frases, fazendo-nos sempre a seguinte pergunta: posso dizer com menos palavras o que eu disse, sem perder nada da informação? Com frequência a resposta será positiva. Vejamos como não é tão difícil tensionar um texto se o limparmos de perífrases. Por exemplo:

> *Desde o dia de ontem, estamos em condições de garantir-lhe que, no transcurso do próximo mês, o senhor poderá realizar uma entrevista com o nosso cliente. No dia em que se encontrarem, ele mesmo fará a entrega do documento que foi mencionado pelo senhor. Somos da opinião de que, quando proceder à leitura...*

> Desde ontem, podemos garantir-lhe que durante o próximo mês o senhor poderá entrevistar o nosso cliente. No dia em questão, ele mesmo entregará o documento que o senhor menciona. Pensamos que, quando o ler...

Optar pela frase curta

Em geral, como era de se esperar, as frases curtas exigem do leitor menos esforço de compreensão do que as frases longas, por mais que estas últimas estejam corretamente construídas. Como o nosso objetivo não é demonstrar ao mundo que dominamos com perfeição os mecanismos da subordinação sintática, mas sim que desejamos apenas nos expressar de maneira eficaz, devemos optar pelo emprego de frases menos extensas.

Às vezes será preciso realizar certo esforço: a linguagem técnica e profissional, por ser mais argumentativa do que narrativa, tende com frequência ao uso de orações subordinadas de caráter lógico (consecutivas, causais, finais, condicionais, concessivas). No entanto, não cabe cometer o exagero contrário. Um estilo telegráfico pode também incomodar o destinatário. Em suma, nossa sintaxe deve ser variada, com tendência à frase curta. Vejamos como podemos distribuir em parágrafos e frases as informações de um longo período:

> *Os equívocos em suas remessas de mercadorias, que se produzem cada vez com mais frequência, representam, como podem imaginar, um grave prejuízo para o funcionamento de nossas lojas e têm como resultado uma evidente piora da qualidade do serviço*

> *que prestamos aos nossos clientes, o que traz consigo um número cada vez maior de queixas e reclamações, às quais nossos funcionários muitas vezes não podem satisfazer adequadamente, pois as remessas seguintes costumam apresentar os mesmos problemas já mencionados.*
>
> Os erros em suas remessas de mercadorias são cada vez mais frequentes. Como podem imaginar, isso representa um grave prejuízo para o funcionamento de nossas lojas.
>
> A qualidade do serviço aos nossos clientes piora a olhos vistos. Consequências? Um número imenso de queixas e reclamações.
>
> Além disso, nossos funcionários muitas vezes não podem satisfazer adequadamente a essas reclamações: as remessas seguintes costumam apresentar os mesmos problemas.

Outro exemplo:

> *Mediante a formação contínua, nossa empresa pretende capacitar o trabalhador para o exercício de suas funções, bem como para ocupar outros cargos, se eventualmente for necessário, renovar continuamente seus conhecimentos tendo em vista as necessidades da empresa, em constante evolução, e motivá-lo, já que a formação contínua amplia as possibilidades de promoção dentro da empresa.*
>
> Mediante a formação contínua, nossa empresa persegue três objetivos. Em primeiro lugar, capacitar o trabalhador para o exercício de suas funções, bem como para ocupar outros cargos, se eventualmente for necessário. Em segundo lugar, renovar continuamente seus conhecimentos, tendo em vista as necessidades da empresa, em constante evolução. E em terceiro lugar, motivá-lo, já que a formação contínua amplia as possibilidades de promoção dentro da empresa.

Limitar o uso de frases impessoais ou na voz passiva

Para que um texto seja vigoroso é vital que os protagonistas dos fatos que mencionemos apareçam como tais nas frases que escrevamos. As orações impessoais e na voz passiva atuam como cortinas de fumaça que apagam o papel dos atores reais daquilo que se conta.

Comparemos por exemplo as duas frases abaixo com as imediatamente posteriores:

> *Foram enviadas milhares de cartas pelo departamento comercial.*
> *As medidas realmente eficazes foram tomadas pela Secretaria de Concessões.*

> O departamento comercial enviou milhares de cartas.
> A Secretaria de Concessões tomou medidas realmente eficazes.

Neste último par de frases, o estilo de escrita é, sem dúvida, mais direto. Só deveremos recorrer às frases impessoais ou na voz passiva quando desconhecermos o sujeito da frase, quando este desempenhar um papel secundário ou quando a lógica do parágrafo assim o exigir.

Se nos dermos conta de que escrevemos uma frase na voz passiva e quisermos convertê-la para a voz ativa, possuímos várias fórmulas:

a. se escrevemos uma frase na voz passiva, com o verbo "ser" no infinitivo mais um particípio, substituir o particípio por um substantivo:
    > *Os trabalhadores preferiram ser demitidos a cumprirem a sanção.*
    > Os trabalhadores preferiram a demissão a cumprirem a sanção.

b. se a frase na voz passiva tem o verbo auxiliar no presente mais um particípio, substituir o particípio por um substantivo, mantendo o tempo do verbo:
    > *Estas medidas são tomadas pela empresa.*
    > Estas medidas são iniciativa da empresa.

c. se nos interessa que o sujeito da frase na voz passiva seja mantido, convertê-la em ativa, trocando o verbo por outro e alterando uma ou outra palavra:
    > *Os funcionários foram informados a respeito das mudanças.*
    > Os funcionários receberam informações sobre as mudanças.

Contudo, se nos parece conveniente utilizar a voz passiva, vale a pena ter presente que, em geral, é preferível a frase na voz passiva sintética, formada por verbo transitivo direto (ou direto e indireto) na terceira pessoa (do singular ou plural) mais o pronome "se" apassivador:

Foram criados mil postos de trabalho.
Criaram-se mil postos de trabalho.

Suprimir as redundâncias

Um dos requisitos fundamentais para produzir um texto bem escrito é que as ideias não se repitam. Se escolhemos as melhores palavras para transmitir uma informação, não haverá necessidade de reiterá-la. Por isso, ao revisar nossos textos, é bom estarmos atentos para identificar e suprimir frases ou expressões que repitam desnecessariamente o que já dissemos.

Algumas expressões de uso cotidiano nos textos são em si redundantes. Como estão instaladas na prática linguística corriqueira, é difícil reparar nelas.

Exemplos:
- *Elo de ligação.*
- *Previsões sobre o futuro.*
- *Encarar de frente.*
- *Minha opinião pessoal.*
- *Colaborar em conjunto.*
- *Falar com cada um individualmente.*
- *Gritar alto.*
- *Surpresa inesperada.*
- *Comparecer pessoalmente.*
- *Anexar junto.*
- *Inserir dentro.*

Equilibrar o número de substantivos e verbos

Um elemento fundamental para que um texto se torne ágil é munir-se de um bom número de verbos, mas que essa quantidade esteja em equilíbrio com o número de substantivos. O excesso de substantivos incha a frase e a torna obscura.

Exemplo:

> *Para a obtenção de redução dos acidentes de trabalho nas unidades de produção de nossa empresa é imprescindível o conhecimento por parte do empregado dos riscos inerentes à sua função e uma clara consciência da necessidade da utilização dos equipamentos de proteção individual, devidamente facilitados pelo departamento pessoal, como também o estudo por parte da empresa dos possíveis riscos de cada função e o oferecimento de cursos de prevenção aos seus empregados.*

Na longa frase do texto só aparece um verbo — "ser". A informação seria mais digerível se fosse formulada assim:

> Para reduzir os acidentes de trabalho é imprescindível que os empregados conheçam os riscos de sua função e se conscientizem do quanto é necessário utilizar equipamentos de proteção. Nossa empresa deve, portanto, estudar os riscos de cada função e oferecer a seus empregados cursos de prevenção e equipamentos adequados.

Se queremos evitar a inflação de substantivos, não devemos apenas limitar a extensão das frases e eliminar os circunlóquios, mas também atentar para as nominalizações, fenômeno pelo qual transformamos o verbo em substantivo, acrescentando ao sujeito ou ao objeto direto o papel de modificador do substantivo. Vejamos dois exemplos de nominalização:

> Escreve-se "ao estabelecimento de um nível satisfatório de segurança" em lugar de "a estabelecer um nível satisfatório de segurança"; escreve-se "à anulação de selos inutilizados e danificados" em lugar de "a anular selos inutilizados e danificados".

Alguns formalismos errôneos

- *A fórmula "envio anexo"*

Na linguagem administrativa e comercial, tende-se a repetir de forma acrítica expressões já aceitas por todos, sem que ninguém questione se estão corretas ou, ao menos, se são elegantes e apropriadas. Um caso típico é a fórmula "envio anexo", que aparece em milhares de cartas. Sua ortodoxia é, no mínimo, questionável. A palavra "anexo" é um adjetivo, e não um advérbio. No caso de "envio anexo", está sendo utilizada como advérbio, uma vez que modifica o verbo "envio" e não um nome. O erro é mais grave quando se escreve, por exemplo, "envio anexo a tabela" ou "envio anexo os documentos", com palavra feminina ou palavra no plural, quando o mais simples e mais elegante é escrever "envio em anexo a tabela" ou "envio em anexo os documentos".

- *Omissão de palavras*

Uma prática habitual muito desagradável nos textos técnicos e profissionais é a eliminação dos artigos: "envio instruções para", "atende a parâmetros internacionais", etc. Essa tendência confere aos textos um inadequado tom telegráfico. É preferível escrever "envio as instruções para" e "atende aos parâmetros internacionais".

Outro caso frequente de omissão de palavras é a supressão da conjunção "que" entre o verbo de uma oração principal e o da subordinada: "peço desculpe", etc. Embora esse costume tenha uma longa tradição, é hoje considerado arcaizante. Recomenda-se o uso da conjunção. De qualquer modo, convém saber que esse uso só se justifica quando o verbo da oração subordinada estiver no modo subjuntivo, sem necessidade de preposição. Assim, é incorreto escrever "acreditamos não será necessário" ou "estamos certos será mantido".

O abuso de estrangeirismos

A clareza do texto exige que evitemos, a menos que seja estritamente necessário, palavras alheias ao nosso idioma. Não só pelo fato de corrompê-lo, mas por muitos estrangeirismos serem supérfluos, já que nossa língua possui expressões de igual significado que pertencem, além do mais, ao acervo de todos os leitores. Empregando palavras e expressões do nosso idioma, evitaremos o risco de que o leitor comum não nos compreenda. Vejamos alguns exemplos:

briefing	instruções, informações
budget	orçamento
case	caso, história
coaching	treinamento
deadline	data-limite
expertise	habilidade, experiência
feeling	sentimento, percepção
full time	jornada completa, tempo integral
holding	grupo, consórcio
look	estilo, visual
mix	composto, misto
newsletter	boletim informativo
players	jogadores
speech	discurso, palestra, apresentação
start	início
target	alvo, objetivo/destinatário
tour	turismo, passeio
upgrade	aperfeiçoamento
voucher	comprovante, vale
workshop	oficina

Além de termos propriamente ingleses, não é incomum encontrarmos também em alguns textos palavras inexistentes na maioria dos dicionários da língua portuguesa que são resultado do aportuguesamento de um vocábulo inglês. Vejamos algumas:

> **deletar** por **apagar**
> (do inglês *delete*)
> **customizar** por **personalizar**
> (do inglês *customize*)
> **debugar** por **depurar**
> (do inglês *debug*)
> **mandatório** por **obrigatório**
> (do inglês *mandatory*)
> **encriptar** por **criptografar**
> (do inglês *encrypt*)
> **restartar** por **reiniciar**
> (do inglês *restart*)
> **atachar** por **anexar**
> (do inglês *attach*)
> **lincar** por **unir**
> (do inglês *link*)

Outra consequência da influência do inglês em textos técnicos e comerciais é a presença de adjetivos terminados em "-al" que não constam dos nossos dicionários e que, afinal de contas, são completamente desnecessários.

Alguns exemplos são "procedimental" e "atitudinal", que costumam surgir em textos um tanto empolados, no lugar de termos já dicionarizados.

Cuidado com as siglas e os acrônimos

As siglas e os acrônimos são grupos de letras que substituem, por abreviação, nomes de associações, empresas, organismos, projetos, produtos, etc. Evidentemente, servem para economizar palavras. No entanto, essa louvável intenção pode ter efeitos indesejáveis se o receptor do nosso texto não for capaz de identificar ou decifrar as abreviaturas que encontrar em sua leitura. Quando intuímos que isso possa acontecer, devemos nos prevenir, escrevendo entre parênteses o nome completo antes ou depois da sigla ou do acrônimo — Fundo Monetário Internacional (FMI) —, ao menos na primeira vez em que apareça no texto. Feito esse esclarecimento inicial, poderemos empregar a abreviatura até o fim.

Ser coerentes no tratamento

Para além dos critérios puramente gramaticais, respeitar a coerência do texto exige que mantenhamos em relação ao nosso destinatário e a nós próprios, sem lugar para hesitações, a mesma forma de tratamento que escolhemos ao começar o texto.

Quanto ao destinatário, na maioria dos casos devemos empregar o "senhor" ou o "senhores", evitando pular de um para outro, a não ser que assim requeira o conteúdo. Só trataremos o destinatário por "você" quando tivermos uma relação mais estreita com ele, ainda que devamos ser muito comedidos nesse aspecto, dentro do campo da comunicação externa.

Com relação ao emissor, a quem produz o texto, devemos empregar na maior parte das vezes a primeira pessoa do plural ("nós"). Em primeiro lugar, porque, em geral, escreveremos em nome de uma empresa ou órgão público. E em segundo lugar porque, nos casos em que escrevamos em nosso próprio nome, como indivíduos, o uso do "nós" confere ao texto um conveniente tom de modéstia.

Limitaremos, portanto, o uso da primeira pessoa do singular ("eu") a situações nas quais exista um grau de cumplicidade e confiança muito elevado entre emissor e receptor, ou a quando escrevermos determinados documentos como memorandos entre colegas de trabalho, solicitações por escrito em nome pessoal, seja dentro da empresa ou dirigidas a algum órgão público.

Quanto à terceira pessoa do singular ("ele", "ela"), poderemos empregá-la se estiver definido, entre o autor do texto e seu destinatário, a que ou a quem estivermos nos referindo (à empresa em nome da qual escrevemos, por exemplo): "A Editora Pontos & Traços lhe oferece".

Em suma, antes de começar a escrever é preciso refletir e decidir que tipo de tratamento será mais adequado naquelas circunstâncias, mantendo-o ao longo do texto.

> Para que nossos textos profissionais sejam eficazes, devemos usar palavras concretas, evitando expressões abstratas, empregar em geral frases curtas, lançar mão de palavras de uso comum, limitar o uso de frases impessoais

> ou na voz passiva, não abusar dos estrangeirismos, resguardar-nos de circunlóquios, eliminar as redundâncias, tornar inteligíveis as siglas e os acrônimos, equilibrar o número de substantivos e verbos e ser coerentes no tratamento do emissor e do destinatário.

Depois dessa longa lista de conselhos estilísticos, será útil ler e analisar, a título de exercício, uma carta que não segue essas indicações. O leitor poderá corrigir o texto, procurando identificar os erros cometidos. Mais adiante, encontrará comentários sobre esses problemas e a carta reescrita.

Shirt Design Ltda.
Av. Paulistana, 1833
CEP 04891-002
São Paulo - SP
www.shirtdesign.com.br
Tel.: 3555-3331

SPT Ltda.
Rua Américo Brasiliense, 981
CEP: 14015-050
Ribeirão Preto — SP

Ref.: B2/03
São Paulo, 18 de dezembro de 2003

Prezados senhores:
Tendo em nossas mãos a carta que recebemos em nosso escritório, remetida pelos senhores no dia 8 do corrente mês de dezembro, na qual se referiam a uma mercadoria que tinham recebido em sua sede e que não nos tinham pedido, nós entramos agora em contato com os senhores em resposta a ela.

Uma solução superinteressante, é que fiquem com a mercadoria e que se ao final de alguns meses não a tiverem vendido então tudo bem podem nos devolver e nós deixaremos em estoque, ou para o tipo de mercadoria que é poderiam faturar com o desconto que apresentamos previamente.

Afora isso, aproveitamos a oportunidade desta carta para lhes informar que a partir de agora para frente diante de qualquer tipo de defeito ou falha da mercadoria que receberem em sua sede terão a obrigação de informar imediatamente ao nosso escritório, e também de especificar esse defeito no recibo que acompanha a mercadoria entregue. Para que possamos obter melhorias no futuro o senhor não deve devolver sobre nenhum motivo diretamente a mercadoria à transportadora mas deverá prestar contas do erro e manter a mercadoria retida em seu armazém.

Queremos também avisar para seu conhecimento que no próximo mês que vem abriremos uma filial de nossa empresa em ribeirão preto a qual poderão visitar e na qual serão atendidos perante qualquer necessidade com referência à mercadoria que necessitarem ou problema que tiverem embora solicitem a mercadoria a outra filial.

Se nesse caso concreto diante do que temos com a sua empresa mesmo considerando que lhe oferecemos a vantajosa possibilidade como dissemos no início desta carta de uma possível venda desejarem devolver a mercadoria podem dar um *feedback* e enviaremos uma transportadora.

Tendo feito constar toda a informação necessária que queríamos fazer chegar nós nos despedimos agradecendo sua ajuda e colaboração e ficando à sua disposição, convidando-os a nos procurar em particular com referência ao que necessitarem para qualquer assunto, dúvida ou consulta.

Atenciosamente, saudações.

Carla Mendes
Departamento de vendas

Ler esta carta até a última linha é uma autêntica tortura, o leitor há de convir. Uma primeira leitura não basta para entender exatamente o seu conteúdo, e mesmo depois de algumas releituras permanecem vários pontos obscuros.

Analisaremos os erros, classificando-os de acordo com três categorias: erros de articulação, erros de tonalidade e erros linguísticos e estilísticos.

- *Erros de articulação*

É muito difícil discernir qual o objetivo principal da carta. Nela são abordados três assuntos de modo confuso, sem a menor hierarquia entre eles. Não se trata de escrever uma carta para cada assunto, mas, quando falamos sobre vários assuntos num mesmo texto, é fundamental fazer o destinatário compreender com clareza o grau de importância que damos a cada um deles.

De qualquer modo, ao versar sobre diferentes temas devemos evitar a desordem a todo custo. Neste nosso exemplo, o quinto parágrafo refere-se ao mesmo assunto dos dois primeiros, e não se justifica a distância entre eles. A única explicação é a falta de um planejamento antes de escrever.

- *Erros de tonalidade*

Neste ponto, os erros detectados são especialmente graves. O mais evidente é a falta de homogeneidade. Sem solução de continuidade, o tom solícito — segundo parágrafo — torna-se autoritário — terceiro parágrafo — e volta a ser cordial mais adiante, no quarto parágrafo.

Por outro lado, surgem expressões e formas de escrever coloquiais, incompatíveis com o nível de formalidade que a carta requer: "superinteressante" e "se ao final de alguns meses não a tiverem vendido então tudo bem podem nos devolver".

- *Erros linguísticos e estilísticos*

São numerosos e a maior causa da confusão que há no texto. Vejamos os principais:

Abuso da frase longa: um bom exemplo é o primeiro parágrafo.

Sintaxe embaralhada: voltando ao primeiro parágrafo, não seria melhor escrever, por exemplo: "Dirigimo-nos aos senhores, em resposta à sua carta de 8 de dezembro, na qual nos informam sobre problemas em nossa última remessa de mercadoria"?

A cada linha nota-se a sintaxe enviesada. Veremos mais adiante, na revisão dessa carta, soluções adequadas para cada caso.

Profusão de circunlóquios: "Tendo feito constar toda a informação necessária que queríamos fazer chegar" pode ser substituído, com vantagem, por: "Sem mais". "Queremos também avisar para seu conhecimento que" por: "Acrescentamos que". "Se nesse caso concreto diante do que temos com a sua empresa" por "Se no caso que nos ocupa" (organizando-se as informações, provavelmente esta frase seria descartável), etc.

Expressões redundantes: "a partir de agora para frente", "defeito ou falha da mercadoria", "no próximo mês que vem", "sua ajuda e colaboração", "para qualquer assunto, dúvida ou consulta", etc.

Vocabulário impreciso: "melhorias", "defeito ou falha", "mercadoria", etc.

Hesitações com relação ao modo de identificar o destinatário: no início, a carta se refere ao receptor no plural — "senhores" —, mas depois emprega o singular — "o senhor não deve devolver sob nenhum motivo". Em outros momentos, cria uma situação de estranhamento, quando, por exemplo, substitui o "senhores" inicial por um "sua empresa".

Erro na escolha de preposição: "sobre nenhum motivo" por "sob nenhum motivo".

Uso desnecessário e incorreto de anglicismo: "*feedback*".

Erros gramaticais: o nome da cidade de Ribeirão Preto foi escrito com letras minúsculas, "ribeirão preto". Há também erros de pontuação, como colocar uma vírgula entre sujeito e verbo — "Uma solução superinteressante, é que fiquem" —, mas chama especial atenção a ausência de vírgulas ao longo do texto, tornando-o ainda mais obscuro.

Detectados esses erros, vejamos uma proposta de revisão da carta:

Shirt Design Ltda.
Av. Paulistana, 1833
CEP 04891-002
São Paulo - SP
www.shirtdesign.com.br
Tel.: 3555-3331

SPT Ltda.
Rua Américo Brasiliense, 981
CEP: 14015-050
Ribeirão Preto — SP
Ref.: B2/03
São Paulo, 18 de dezembro de 2003

Prezados senhores:
Dirigimo-nos aos senhores, em resposta à sua carta de 8 de dezembro, na qual nos informam terem recebido sete lotes com 30 camisas do modelo 5479 cada um, mercadoria que os senhores não solicitaram.

Pedimos desculpas pelo ocorrido. A fim de solucionar esse problema, propomos que ponham à venda os lotes, com a possibilidade de devolverem até o final do verão o que não for comercializado. Excepcionalmente também, poderão faturar essa remessa com 10% de desconto.

Se esta solução não lhes parecer interessante, avisem-nos, por favor, e enviaremos uma transportadora para retirar a mercadoria.

Aproveitamos a oportunidade para solicitar-lhes que entrem em contato conosco o mais rápido possível todas as vezes em que notarem qualquer tipo de defeito nas mercadorias enviadas ou se o número de lotes não corresponder ao que se especifica no recibo. Outra possibilidade é anotarem tais problemas no próprio recibo, no momento da entrega.

Solicitamos que em hipótese alguma devolvam a mercadoria pela transportadora. Mantenham-na em seu estoque, informem-nos dos eventuais problemas e nós tomaremos as medidas adequadas imediatamente.

Por fim, queremos comunicar-lhe que no próximo mês de janeiro inauguraremos uma filial de nossa empresa em Ribeirão Preto. Dessa forma, pretendemos aperfeiçoar nossos serviços, aproximando-nos dos nossos clientes.

Gratos por sua atenção, ficamos à espera de suas notícias.

Atenciosamente,

Carla Mendes
Departamento de vendas

4. A apresentação do texto: cinco recomendações

Não construir parágrafos muito extensos

A visão de um texto com parágrafos muito extensos costuma afastar o leitor logo de entrada. A impressão que causa, à primeira vista, é que se trata de um texto pesado e enfadonho. É claro que nem sempre se deve pensar assim. O texto pode ser claro e estar bem estruturado em longos parágrafos. No entanto, sua aparência pode de fato levar o leitor a uma aproximação superficial.

Para evitar esse risco, é bom recorrer com frequência ao uso do ponto, abrindo parágrafos menores e adotando outras táticas para oxigenar o texto e lhe dar uma aparência mais convidativa.

Mas sem cair no exagero contrário, pois também não é recomendável criar um parágrafo para cada frase, dando a impressão de um texto sem coesão. Um parágrafo com duas a cinco frases é uma boa medida. Parágrafos de extensão variada, suprimindo-se os muito extensos, são um caminho sensato para que nossos textos se tornem visualmente atraentes. Ver "Ressaltar os elementos".

Utilizar títulos

Em textos de várias páginas pode ser muito útil dividi-los em partes intituladas. Os títulos saltam aos olhos e, se forem escolhidos com acerto, podem estimular o leitor a prestar atenção ao texto assim que o receba. Além disso, facilitam a leitura, organizando a sucessão das ideias e indicando ao destinatário os aspectos fundamentais do texto. Por outro lado, permitem também que o leitor interessado numa determinada parte do texto possa ir até ela rapidamente.

Ressaltar os elementos

Para que o leitor não precise desbravar extensos parágrafos e o texto seja fácil percorrer, podemos interromper a enumeração de ideias ou dados, convertendo-a em listas verticais, muito mais esclarecedoras. Vejamos um parágrafo em que se informam as vantagens e desvantagens da energia eólica:

> Quanto às vantagens da energia eólica, é preciso enfatizar que não contamina, é inesgotável e é mais barata em comparação com outras energias. Prosseguindo a comparação com outras fontes energéticas, não produz gases tóxicos, não afeta os tecidos aquíferos, evita os efeitos do transporte de combustíveis (contaminação, acidentes, necessidade de linhas de abastecimento), não provoca vazamentos nem deixa resíduos e independe de

qualquer política ou relação comercial. Quanto às desvantagens, são as seguintes: a maquinaria para explorar a energia eólica é cara, produz impacto visual e prejudica a fauna.

Agora enxuguemos o texto elaborando listas:
As principais vantagens da energia eólica:
- *não contamina,*
- *é inesgotável,*
- *é mais barata em comparação com outras energias.*

Comparando-a com outras fontes de energia:
- *não produz gases tóxicos,*
- *não afeta os tecidos aquíferos,*
- *evita os efeitos do transporte de combustíveis,*
- *não provoca vazamentos nem deixa resíduos,*
- *independe de qualquer política ou relação comercial.*

Suas desvantagens:
- *a maquinaria para explorá-la é cara,*
- *produz impacto visual,*
- *prejudica a fauna.*

Como vemos, esta maneira de limpar o texto ajuda o leitor a organizar as ideias.

Há outras formas de ressaltar elementos (palavras em negrito ou em cursiva, grifar, etc.), mas, exceto no caso dos títulos, são menos aconselháveis e, por dizer assim, acabam sujando o texto.

Acrescentar ilustrações

Para ativar a memória visual do nosso destinatário, nada melhor do que reforçar a informação transmitida com gráficos, tabelas ou outros tipos de ilustração.

Longe de tirar a importância ou seriedade da mensagem escrita, as ilustrações mostram as ideias e às vezes são mais eficazes que várias páginas de texto repletas de dados e considerações. Se o nosso destinatário, além de ler a nossa mensagem, "vê" o que lhe queremos transmitir, é muito mais fácil que nos entenda, pois serão dois canais de comunicação: a palavra e a imagem.

Em muitas ocasiões, portanto, valerá a pena dedicar algum tempo na elaboração de um gráfico (hoje, com os recursos da informática é possível realizar esse trabalho com muita facilidade). Serão maiores as chances de alcançar nosso objetivo.

Empregar formato com bom espaçamento

Optar por um formato com bom espaçamento entre linhas e com margens amplas ajuda muito a tornar o texto mais atraente. Devemos economizar no uso do idioma, mas não nos espaços.

Como dispor o texto na folha de papel? Existem muitas formas, dependendo do documento em questão, mas podemos apresentar algumas indicações padronizadas.

O texto deve aparecer no centro da folha, limitado por uma margem superior, outra inferior e margens de ambos os lados.

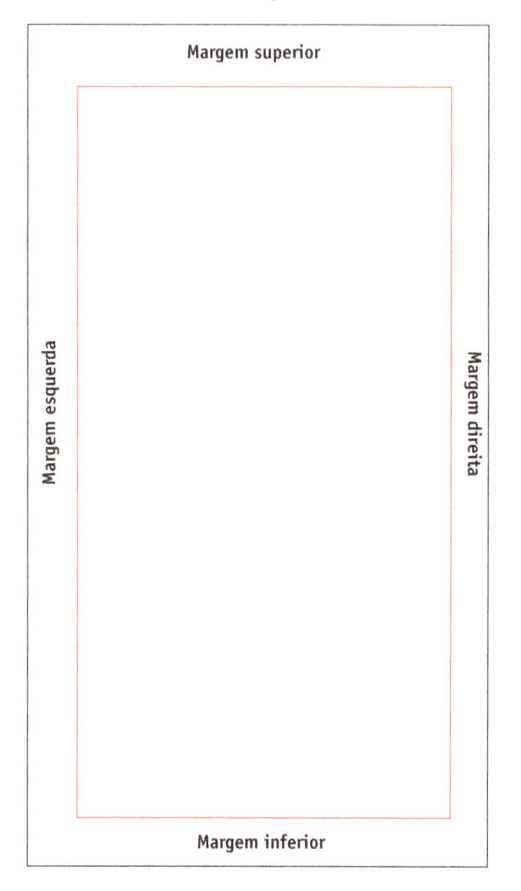

	Margem superior	
Margem esquerda		Margem direita
	Margem inferior	

A margem superior, onde pode aparecer o timbre do emissor do texto (a empresa ou o órgão público), deve medir entre 3,5 e 4 cm.

A margem inferior deve medir entre 3 de 3,5 cm. É o lugar onde aparecerá o número da página — centrado ou à direita —, se o documento tiver várias páginas. Por vezes, o timbre da empresa poderá aparecer na margem inferior, e não na superior.

A margem direita deve ter entre 2 e 2,5 cm, e a esquerda deve ser igual ou maior que a direita. Se a ideia é encadernar o documento, a margem esquerda deverá ser ainda maior.

Estas medidas são adequadas para o caso de o texto ocupar toda a página. Caso contrário, será preciso ampliar as margens superior e inferior, a fim de que o texto fique centralizado.

Quanto ao texto em si, é preciso definir que tipo de parágrafo e de alinhamento usar. Existem vários tipos de parágrafo, mas os dois mais comuns são:

- *O parágrafo clássico ou português, com um espaço à entrada da primeira linha, sem espaço entre parágrafos.*

Architectura autem constat ex ordinatione, quae graece *taxis* dicitur, et ex dispositione, hanc autem Graeci *diathesia* vocitant, et eurythmia et symmetria et decore et distributione, quae graece *oeconomia* dicitur.
Ordinatio est modica membrorum operis commoditas separatim universeque proportionis ad symmetriam comparatio. Haec componitur ex quantitate, quae graece *posotes* dicitur. Quantitas autem est modulorum ex ipsius operis sumptio e singulisque membrorum partibus universi operis conveniens effectus.

- *O parágrafo moderno ou alemão: todas as linhas do parágrafo alinhadas à esquerda, sempre com espaço entre os parágrafos.*

Architectura autem constat ex ordinatione, quae graece *taxis* dicitur, et ex dispositione, hanc autem Graeci *diathesia* vocitant, et eurythmia et symmetria et decore et distributione, quae graece *oeconomia* dicitur.

Ordinatio est modica membrorum operis commoditas separatim universeque proportionis ad symmetriam comparatio. Haec componitur ex quantitate, quae graece *posotes* dicitur. Quantitas autem est modulorum ex ipsius operis sumptio e singulisque membrorum partibus universi operis conveniens effectus.

Quanto ao alinhamento, os dois tipos mais utilizados são:

- *O parágrafo justificado: alinhamento à esquerda e à direita.*
Ordinatio est modica membrorum operis commoditas separatim universeque proportionis ad symmetriam comparatio. Haec componitur ex quantitate, quae graece *posotes* dicitur. Quantitas autem est modulorum ex ipsius operis sumptio e singulisque membrorum partibus universi operis conveniens effectus.

- *O parágrafo com recuo à direita, alinhado à esquerda.*
Ordinatio est modica membrorum operis commoditas separatim universeque proportionis ad symmetriam comparatio. Haec componitur ex quantitate, quae graece *posotes* dicitur. Quantitas autem est modulorum ex ipsius operis sumptio e singulisque membrorum partibus universi operis conveniens effectus.

> Para que um texto seja atraente à visão, devemos empregar parágrafos curtos, títulos e um formato com espacejamento amplo, ressaltando alguns elementos. Podemos também utilizar ilustrações.

5.
Os textos profissionais

Vamos abordar agora as características peculiares de alguns tipos de textos técnicos e profissionais. Tipos de textos há muitos, e seria impossível falar sobre todos. Escolhemos, por isso, os que surgem com mais frequência no dia a dia da empresa: a carta comercial, o relatório, a ata, o memorando e a circular.

A CARTA COMERCIAL

A carta comercial é um meio de comunicação entre uma empresa e seus fornecedores e clientes, ou vice-versa.

Afora o modo clássico de envio desse tipo de texto, pelo correio postal, nos últimos anos, graças ao avanço das novas tecnologias, surgiram o fax e o correio eletrônico. Cada um desses caminhos tem suas vantagens próprias: a rapidez, no caso do fax; a possibilidade de vencer enormes distâncias em poucos segundos, economia de custos e rapidez também, no caso do correio eletrônico; a possibilidade de uma comunicação mais calorosa e próxima, no caso do correio postal.

É preciso escolher em cada ocasião o meio mais adequado para enviar nossos textos, mas não esqueçamos, antes de mais nada, as vantagens do texto escrito em comparação, por exemplo, com a chamada telefônica — a objetividade da linguagem e a facilidade para obedecer com absoluto rigor as regras de cortesia —, vantagens que não devem ser negligenciadas no caso do fax e das mensagens eletrônicas. Com frequência, na hora de redigir um e-mail, há o risco de cair num grau de informalidade que prejudique o objetivo da comunicação.

A variedade de cartas comerciais é amplíssima, dada a diversidade das atividades empresariais. Sob este nome encontram-se cartas de compra e venda, reclamações, ofertas de serviço, pedidos, apresentações de currículo, cartas de cobrança, de agradecimento, declarações diversas, textos publicitários, apresentação de novos produtos e serviços, convites, etc.

Em qualquer um desses casos, a carta comercial é uma vitrine da empresa e condiciona a opinião do destinatário. Portanto, deve causar a melhor impressão possível quanto à sua apresentação, à estruturação da informação e ao tom com que será escrita.

Estrutura da carta comercial

a. O endereço do remetente

Há duas possibilidades: utilizar papel timbrado ou escrever o endereço. O timbre e o endereço costumam estar impressos na parte superior da página. No caso de não dispormos de papel timbrado, devemos escrever o endereço do remetente também na parte superior, mas alinhado à direita da página. Tanto num caso como no outro, devemos encontrar:

- *o nome da empresa,*
- *o endereço postal,*
- *os números de telefone e fax,*
- *o endereço de correio eletrônico e/ou da página web.*

b. O endereço do destinatário

Escreve-se o endereço do destinatário abaixo do endereço do remetente, alinhando-o à esquerda da página.

São várias linhas. Na primeira, o nome da pessoa a quem nos dirigimos. No caso de não sabermos o nome da pessoa, menciona-se apenas o cargo que ocupa. Se só sabemos o departamento em que essa pessoa trabalha, escreveremos numa linha o nome da empresa e logo abaixo o do departamento. Se dispusermos de todos os dados, precisaremos de quatro linhas: primeiro, o nome do destinatário; depois, o cargo que essa pessoa ocupa; na terceira linha, o departamento em que trabalha; na quarta linha, o nome da empresa.

Logo após, é preciso escrever o endereço completo: rua e número numa linha e, mais abaixo, CEP, e cidade e estado.

Outra opção é escrever somente o nome e o endereço da empresa à qual nos dirigimos, acrescentando abaixo o que no mundo anglo-saxão se chama *attention line*, ou seja, escrever "aos cuidados de", seguido do nome ou função que a pessoa exerce na empresa para a qual estamos escrevendo.

c. A referência

Trata-se de uma chave que serve para arquivar a correspondência de modo organizado. Entre outras opções, pode ser um número que indique a ordem de chegada da carta à qual se responde ou o modelo do produto do qual se está falando, ou de uma combinação de letras e números referentes a uma pessoa, seja o emissor, seja o receptor, ou a um documento.

d. A data

A data de um texto é uma informação bem mais relevante do que possa parecer à primeira vista. As resoluções administrativas, os contratos e outros textos de caráter jurídico que afetam a atividade empresarial ou profissional têm prazos de vigência, prescrição, etc. Daí que datar uma carta comercial represente muitas vezes um papel fundamental no momento de lhe conferir validade, além de ser um gesto de cortesia extremamente desejável.

A data pode aparecer sob o endereço do remetente ou entre a referência — ou, em sua ausência, o endereço do destinatário — e a saudação inicial, ou ainda no final da carta, embora existam outras possibilidades. A data vai precedida do nome da cidade da qual se manda a carta e de uma vírgula.

No Brasil, a data segue a seguinte ordem: dia, mês e ano (3 de abril de 2010). Para evitar confusões com outras maneiras de apresentação — nos EUA, por exemplo, o mês precede o dia — é preferível não substituir o nome do mês por sua numeração anual. Convém enfatizar que quanto ao nome dos meses, a diferença também ocorre nos EUA: lá se escreve com letra maiúscula.

e. Saudação inicial

Um momento fundamental. O cumprimento inicial da carta indica em boa medida o tom com que se vai escrevê-la. Devemos sempre avaliar o seu grau de formalidade, que deverá ser compatível com o do corpo da carta e com a despedida. (Ver *Anexos*.)

f. O corpo da carta

É a parte da carta em que se escreve o seu conteúdo, as ideias e informações que o emissor quer transmitir ao receptor. Já nos estendemos o suficiente, no primeiro capítulo, sobre como organizar o conteúdo de um texto. Acrescentaremos apenas algumas considerações sobre a função dos parágrafos que compõem o corpo da carta.

Atendendo à sua função, os parágrafos dividem-se em três grupos:

1. O parágrafo de entrada,
2. Os parágrafos intermediários,
3. O parágrafo de encerramento.

1. O parágrafo de entrada costuma enunciar o objeto da carta. Nem sempre é assim. Por vezes é utilizado para dar informações prévias que conduzirão ao tema central da carta, nos parágrafos posteriores. É o que acontece, por exemplo, quando o emissor considera necessário apresentar a empresa em nome da qual escreve ou apresentar a si mesmo.

O que o parágrafo inicial determina, sem dúvida, é o tom geral da carta, já anunciado brevemente na saudação. Portanto, temos de ser extremamente cautelosos e atentos no momento de formular as frases desse parágrafo. Delas dependerá a disposição de ânimo com a qual o receptor vai encarar o restante da carta.

Quanto à extensão, pouco acrescentaremos ao que já dissemos no capítulo 4, sobre a apresentação do texto. No caso do primeiro parágrafo, a brevidade é talvez mais necessária do que nunca. Um início prolixo pode desagradar o leitor e condicionar negativamente a sua leitura até o final da carta. Um primeiro parágrafo com três a seis linhas será suficiente.

2. Nos parágrafos intermediários aparecem os dados e argumentos com os quais o emissor quer detalhar ou defender a ideia que enunciou no primeiro parágrafo. É importante outra vez estarmos atentos à extensão dessa parte da carta, usando o ponto e abrindo parágrafos à medida que vão sendo apresentados novos argumentos.

3. No parágrafo de encerramento, resume-se o que se disse anteriormente e, de modo especial, reitera-se a solicitação ou a informação que constitui o objeto da carta. É bom deixar claro de que modo esperamos que o receptor nos responda. Para tanto, convém propor soluções ao problema ou ao pedido que se formulou.

g. Despedida ou encerramento

O grau de formalidade do encerramento da carta dependerá do tom empregado no cumprimento inicial e ao longo da carta. (Ver *Anexos*.)

h. A qualificação e a assinatura

Escreve-se este bloco a quatro espaços da despedida. Dependendo do estilo da carta (ver "Estilos das cartas comerciais" logo adiante), a assinatura ficará à direita ou à esquerda da página.

A qualificação informa o que é necessário para identificar quem vai assinar. A qualificação é formada pelo nome e sobrenome da pessoa que escreve e seu título ou cargo. Pode estar acima ou abaixo da assinatura.

Em geral, assina-se à mão. No entanto, algumas vezes, sobretudo se forem cartas comerciais publicitárias, serão feitas várias cópias do original assinado para distribuição entre um grande número de clientes.

Seja como for, a assinatura é elemento fundamental numa carta comercial. Personaliza e autentica o texto.

Se a carta é assinada por outra pessoa em nome do remetente, a assinatura é precedida pelas abreviaturas "pp" (por procuração) ou "p/" (por), indicando que a pessoa que assina recebeu autorização para fazê-lo.

i. Anexos, cópias e os *postscripta*

No caso de haver anexos, é bom que na carta se explicite o tipo e o número deles. Também é possível indicar se estão sendo enviadas cópias da carta a outras pessoas. Para isso, usa-se a abreviatura "Cc" seguida dos nomes dos outros destinatários. Quanto aos *postscripta*, é preciso evitá-los ao máximo porque perturbam a estética do documento. Só devemos recorrer a um *postscriptum* (P.S.) para acrescentar informações fundamentais que tenhamos esquecido de incluir no corpo da carta.

Estilos das cartas comerciais

Os quatro modos principais de dispor os parágrafos numa carta comercial são:

a. Estilo moderno: todas as linhas começam na margem esquerda do papel, sem nenhum espaço à entrada da primeira linha;
b. Estilo moderno modificado: como o anterior, exceto pela data, pela despedida, pela qualificação e pela assinatura que se escrevem no lado direito;
c. Estilo profissional: com espaço à entrada da fórmula de saudação e da primeira linha de cada parágrafo;
d. Estilo evoluído ou simplificado: eliminam-se o cumprimento inicial e a despedida, optando-se para o restante dos parágrafos qualquer um dos estilos anteriores.

Vejamos um exemplo de cada um desses estilos:
- *Estilo moderno:*

Studiositas Edições Ltda.
Rua Domingos de Morais, 2005
CEP 04009-000
São Paulo - SP
www.studiositassedicoes.com.br
Tel.: 5333-2222 Fax: 5322-1111

Sr. Roberto Martins Fonseca
Rua 16 de maio, 1185, cj. 3
CEP 04777-000
São Paulo — SP

Ref.: 035/04

São Paulo, 17 de setembro de 2004

Prezado Sr. Roberto:

Recebemos sua carta em que apresenta seu interesse em ocupar a vaga de agente comercial que nosso grupo editorial anunciou.

Após analisarmos seu *curriculum* atentamente, julgamos que é um dos candidatos capacitados para desempenhar esta função. A fim de conhecermos melhor sua formação e experiência, seria muito útil que o senhor comparecesse para uma entrevista pessoal.

Agradecemos que nos visite em nossa sede na próxima quinta-feira, dia 27 de setembro, às 16h. O senhor será atendido por nosso diretor comercial, Sr. Emílio Prado.

Cordialmente,

Beatriz Almeida
Departamento Comercial

- *Estilo moderno modificado:*

Studiositas Edições Ltda.
Rua Domingos de Morais, 2005
CEP 04009-000
São Paulo - SP
www.studiositassedicoes.com.br
Tel.: 5333-2222 Fax: 5322-1111

Sr. Roberto Martins Fonseca
Rua 16 de maio, 1185, cj. 3

CEP 04777-000
São Paulo — SP

Ref.: 035/04

São Paulo, 17 de setembro de 2004

Prezado Sr. Roberto:

Recebemos sua carta em que apresenta seu interesse em ocupar a vaga de agente comercial que nosso grupo editorial anunciou.

Após analisarmos seu *curriculum* atentamente, julgamos que é um dos candidatos capacitados para desempenhar esta função. A fim de conhecermos melhor sua formação e experiência, seria muito útil que o senhor comparecesse para uma entrevista pessoal.

Agradecemos que nos visite em nossa sede na próxima quinta-feira, dia 27 de setembro, às 16h. O senhor será atendido por nosso diretor comercial, Sr. Emílio Prado.

Cordialmente,

Beatriz Almeida
Departamento Comercial

- *Estilo profissional:*

Studiositas Edições Ltda.
Rua Domingos de Morais, 2005
CEP 04009-000
São Paulo - SP
www.studiositassedicoes.com.br
Tel.: 5333-2222 Fax: 5322-1111

Sr. Roberto Martins Fonseca
Rua 16 de maio, 1185, cj. 3
CEP 04777-000
São Paulo — SP

Ref.: 035/04
São Paulo, 17 de setembro de 2004

Prezado Sr. Roberto:
Recebemos sua carta em que apresenta seu interesse em ocupar a vaga de agente comercial que nosso grupo editorial anunciou.

Após analisarmos seu *curriculum* atentamente, julgamos que é um dos candidatos capacitados para desempenhar esta função. A fim de conhecermos melhor sua formação e experiência, seria muito útil que o senhor comparecesse para uma entrevista pessoal.

Agradecemos que nos visite em nossa sede na próxima quinta-feira, dia 27 de setembro, às 16h. O senhor será atendido por nosso diretor comercial, Sr. Emílio Prado.

Cordialmente,

Beatriz Almeida
Departamento Comercial

- *Estilo evoluído ou simplificado:*

Studiositas Edições Ltda.
Rua Domingos de Morais, 2005
CEP 04009-000
São Paulo - SP
www.studiositassedicoes.com.br
Tel.: 5333-2222 Fax: 5322-1111

Sr. Roberto Martins Fonseca
Rua 16 de maio, 1185, cj. 3
CEP 04777-000
São Paulo — SP

Ref.: 035/04
São Paulo, 17 de setembro de 2004

Recebemos sua carta em que apresenta seu interesse em ocupar a vaga de agente comercial que nosso grupo editorial anunciou.

Após analisarmos seu *curriculum* atentamente, julgamos que é um dos candidatos capacitados para desempenhar esta função.

A fim de conhecermos melhor sua formação e experiência, seria muito útil que o senhor comparecesse para uma entrevista pessoal.

Agradecemos que nos visite em nossa sede na próxima quinta-feira, dia 27 de setembro, às 16h. O senhor será atendido por nosso diretor comercial, Sr. Emílio Prado.

Beatriz Almeida
Departamento Comercial

O RELATÓRIO

Um relatório é um documento elaborado a partir de uma coletânea de dados ou de uma pesquisa. Os relatórios são escritos por ordem de um superior a seu subordinado e, em geral, têm como principal objetivo a tomada de decisões dentro da empresa ou órgão público sobre uma questão específica. Os temas de um relatório são muito variados. Vão desde a atuação de um funcionário até as previsões sobre os lucros que um produto pode trazer, passando pela intervenção de uma equipe de assistentes sociais de uma prefeitura no caso de uma pessoa em risco de exclusão social, apenas para trazer à baila alguns exemplos.

Tipos de relatório

Existem basicamente dois tipos de relatório: o expositivo e o avaliativo ou argumentativo. O relatório expositivo limita-se a informar sobre um tema ou uma situação, narrando os fatos ou apresentando os dados pertinentes. Embora sua finalidade seja a tomada de decisões por parte de quem o solicitou, o relatório expositivo não inclui nenhuma crítica às informações ou aos fatos recolhidos, nenhum tipo de recomendação tampouco. Possui, portanto, um caráter de completa objetividade. Em contrapartida, o relatório avaliativo ou argumentativo deve necessariamente ultrapassar a análise objetiva de uma situação. Pede-se ao seu autor que, além de apresentar imparcialmente os fatos ou dados, elabore uma crítica, extraindo conclusões e fazendo sugestões.

O conteúdo e a estrutura dos relatórios

Os relatórios variam muito quanto à sua extensão e estrutura, pois devem adaptar-se à prática da empresa ou da instituição para

a qual estão sendo elaborados, tendo em vista a situação que abordam. Paralelamente a isso, um relatório ideal deve incorporar os seguintes pontos:
   a. Finalidade: todo relatório deve incluir uma explicação a respeito do propósito que o motivou.
   b. Método: dele deve constar a maneira, a técnica ou o método utilizado para reunir os dados e analisá-los, de modo que o leitor possa julgar em que medida as informações ali transmitidas são confiáveis.
   c. Os dados ou fatos devem ser apresentados de forma clara, organizada e objetiva.

No caso dos relatórios avaliativos, também estes pontos:
   d. Análise: o redator do relatório deve analisar as informações de acordo com o exposto no ponto *b*.
   e. Recomendações e sugestões: como conclusão do relatório, o redator deve aconselhar o destinatário a respeito das decisões e medidas que deve tomar com relação ao assunto tratado no texto.

A estrutura na qual esses conteúdos são apresentados costuma ser a seguinte:
   a. Capa
   Dela devem constar o título do relatório, o nome do autor, a data em que se concluiu a redação e a empresa ou órgão público dentro do qual o relatório foi elaborado.

   b. Tabela de conteúdos
   Inclui o índice e o sumário ou a lista de temas do relatório. Também é possível acrescentar um resumo do relatório. Este resumo deve ser sucinto, alguns parágrafos apenas — melhor se for um único parágrafo —, e não deve incluir nada que não apareça no restante do texto. Trata-se de formular de modo sintético o essencial do relatório: objetivos, metodologia, resultados e, nos relatórios avaliativos, conclusões e recomendações.

   c. Introdução
   Sua função é orientar o leitor antes que ele comece a ler o relatório propriamente dito. Na introdução, apresentam-se o tema e o objetivo do relatório, indicando-se brevemente como serão abordados ao longo do documento.

d. Corpo
É a parte nuclear do relatório e costuma dividir-se em sete partes:
1. *Fundamentos teóricos*
Esta parte só é incluída nos casos em que a pesquisa ou coletânea de dados apoie-se em alguma teoria sociológica, econômica, psicológica, etc.
2. *Âmbito de estudo*
Trata-se de definir a realidade ou os fatos de que se ocupa o relatório e a partir dos quais serão coletadas as informações.
3. *Metodologia*
Como dizíamos antes, deve-se explicar detalhadamente a maneira pela qual as informações foram colhidas e organizadas, de modo que quem solicitou o relatório possa avaliar a confiabilidade deste documento.
4. *Resultados*
Os dados obtidos devem ser apresentados de forma organizada e objetiva, segundo os objetivos do relatório e, o que é ainda mais importante, pensando-se em facilitar a tomada de decisões por parte de quem solicitou o relatório.
5. *Interpretação dos resultados*
Esta parte, como as duas anteriores, só aparece nos relatórios avaliativos ou argumentativos. É a parte do relatório na qual entra em jogo a subjetividade do autor, embora este deva, sempre, orientar-se por critérios lógicos, se não científicos. Deve primar-se também pela honestidade, e por isso é necessário que o autor informe, de maneira concisa mas com clareza, os limites da sua pesquisa, as variáveis que não teve como analisar.
6. *Conclusões*
Nesta última parte, o autor deve apresentar em poucos parágrafos as conclusões que nascem da coletânea de informações e sua interpretação. A passagem da análise crítica dos dados às conclusões deve ser tão natural de modo que o leitor sequer se dê conta. Forçar o leitor a se submeter a uma lógica argumentativa gerará desconfiança. Por outro lado, as conclusões devem cobrir os vazios de informação e, desse modo, ajudar quem solicitou o resumo a tomar decisões a partir do relatório.
7. *Recomendações*
Para facilitar o trabalho do solicitante do relatório, o autor formulará recomendações que realmente sejam úteis à pessoa ou à empresa que precise resolver determinado problema. Se o

autor do relatório quiser incluir conselhos sobre outras questões importantes, deverá avaliar cuidadosamente a pertinência dessa atitude.

e. Apêndices e bibliografia

Nesta parte pode-se incluir tabelas, gráficos, ilustrações, etc., detalhando alguns dos pontos abordados no relatório.

Os conteúdos e a estrutura de que falamos até agora são o que normalmente vemos num relatório padronizado, de extensão média. Contudo, no mundo empresarial e na administração pública, é comum a produção de relatórios bem curtos, com uma ou duas páginas. Vejamos que estrutura devem adotar esses documentos mais breves.

Estrutura de um relatório breve

↪ Nome da empresa ou do órgão público para o qual se escreve o relatório.
↪ Título do relatório: em lugar de um título pode-se escrever o tema do relatório sob a própria palavra RELATÓRIO, escrita dessa maneira, com letras maiúsculas.
↪ Nome e cargo do destinatário do documento, que em geral é a pessoa que o solicitou. Pode ser precedido pela frase "À atenção de" ou "Solicitante".
↪ Nome e cargo de quem redigiu o relatório. Pode ser precedido pela frase "Elaborado por". O nome e o cargo do autor podem também constar do final do documento, e não do início.
↪ Exposição do tema do relatório. Esta parte inclui a relação e a análise dos fatos ou das informações constitutivas da situação que motivou o relatório.
↪ Proposta de soluções ou medidas a tomar.
↪ Assinatura do autor.
↪ Data de redação do relatório.

- *Exemplo de relatório breve:*

OSIRIOS Ltda. Tratamentos superficiais

Sobre o aumento dos acidentes de trabalho

RELATÓRIO

À atenção de: Carlos Almeida, chefe de produção

Elaborado por: João José Marins, chefe de pessoal

No último ano produziu-se em nossa empresa um aumento expressivo (9%) de acidentes de trabalho, o que provoca baixa laboral.

Do total de acidentes, 98% foram leves, e os 2% restantes, graves. Em nenhum caso registrou-se óbito.

As principais causas dos acidentes que se produziram foi excesso de esforço, lesões provocadas por objetos ou máquinas, projeção de partículas e quedas.

Quais são as razões de fundo para esta situação?

Durante o processo produtivo referente aos tratamentos superficiais (sujeição de eletrodos, operações de mescla, manipulação de produtos, armazenamento e conservação), o trabalhador encontra-se constantemente exposto a riscos, dos quais nem sempre está consciente.

Por outro lado, medidas de prevenção adotadas em nossa empresa mostram-se obsoletas e muito genéricas. Ou seja, não estão adequadas à singularidade da nossa cadeia de produção.

É urgente, portanto, a elaboração de um programa de prevenção de riscos ocupacionais, uma vez que a tomada de consciência sobre o perigo de acidentes é fundamental para a eficácia do programa.

Por fim, é necessário munir os empregados com equipamentos de proteção individual compatíveis com a realidade de cada posto de trabalho.

SUGESTÕES

1. Elaborar um programa de prevenção de riscos ocupacionais.
2. Ministrar cursos de prevenção de riscos ocupacionais aos empregados.
3. Munir os empregados com equipamentos de proteção individual específicos para cada posto de trabalho.

Ass.: João José Marins
Recursos Humanos

São Paulo, 22 de fevereiro de 2008

A ATA

Trata-se de um documento oficial cuja função é fazer constar por escrito o que foi discutido ou acordado por uma associação reunida para debater em assembleia geral ou ordinária ou extraordinária. É um documento obrigatório em muitas associações, públicas ou privadas, tais como as cooperativas, a direção de numerosos organismos públicos, os conselhos administrativos das empresas, fundações, etc. Também é necessária, com frequência, em diferentes tipos de grupos organizados (partidos políticos, organizações não governamentais, associações culturais ou recreativas, etc.).

Muitas dessas associações dispõem de um Livro de Atas, embora seja comum também que se escreva a ata em folhas a serem arquivadas.

A ata estrutura-se da seguinte forma:

Título

Deve incluir o nome do grupo que se reúne e o número da sessão.

Dados da reunião

As informações necessárias são o lugar — cidade e local — e a data da reunião, bem como a hora de início e a de encerramento.

Assistência

Nesta parte, incluem-se o nome e sobrenome dos assistentes, bem como os cargos que ocupam na organização que se reúne. Em seguida deve figurar a lista dos membros ausentes, sob duas categorias: "Justificaram ausência" e "Ausentes" (para aqueles que não justificaram).

Ordem do dia

Deve-se apresentar os pontos que constam da convocação para a reunião, além de outros temas incluídos na pauta mais tarde. Em geral, o primeiro ponto da ordem do dia costuma ser a leitura e a aprovação da ata da reunião anterior, da qual se entrega uma cópia por escrito a cada um dos assistentes, a fim de acelerar essa leitura. O último ponto da ordem do dia também é frequente em reuniões desse tipo: abre-se para uma rodada de solicitações e perguntas, com a qual os assistentes abordam os temas que desejem, sem restrições.

Desenvolvimento da sessão

Diferentemente do que acontecia no passado, as atas de hoje não costumam reproduzir literalmente o que acontece durante a sessão. Para que seja mais fácil consultá-las, costuma-se fazer uma síntese do que foi abordado na reunião.

Decisões conjuntas

Neste ponto incluiremos as decisões tomadas em grupo durante a sessão. Cada decisão ocupará um trecho, em relação a cada um dos temas previstos na ordem do dia.

Fórmula final

Costuma-se empregar a seguinte fórmula, ou similar a esta:
O presidente (ou o cargo que for) encerra a sessão. Eu (nome da pessoa), secretário (ou secretária), lavro a presente Ata.

Assinaturas

O presidente (ou o diretor, ou o reitor...) e o secretário devem assinar, uma assinatura ao lado da outra. Abaixo, devem constar os cargos — secretário e presidente — e, por fim, as demais assinaturas dos presentes.

Anexos

Devem figurar no pé da página, numerados, os documentos anexos à ata.

Uma advertência: quando secretariamos uma reunião, é bom fazer anotações durante a sessão. Tão logo ela termine, redigiremos a ata. Evitaremos assim perder de vista o que realmente queriam dizer as anotações.

- *Exemplo de ata:*

Ata da 24ª assembleia geral da Direção Executiva da Fundação Assirim.

São Paulo, 10 de setembro de 2007. Sala de reuniões da Fundação Assirim.

Hora de início: 16h. Hora de encerramento: 17h.

Assistentes:
Sra. Maria da Paz, diretora.
Sr. Henrique dos Reis, coordenador.
Sra. Cristina Pontes, administradora.
Sra. Ana Molina, responsável pelo Centro Educativo Infantil.
Sr. Paulo Valinho, responsável pelo Programa de Formação Profissional.
Sra. Maria Madureira, responsável pelo Centro Educativo Feminino.

Justificaram sua ausência:
Sra. Eva Dias, diretora adjunta.

Ausentes:

Sr. Felipe Lemos, responsável pelo Programa de Inserção Social e Profissional.

Abre-se a sessão com a seguinte ordem do dia:

1. Aprovação da ata da reunião anterior.
2. Elaboração de um folheto publicitário.
3. Calendário dos cursos de formação.
4. Novo projeto de inclusão para alunos com necessidades especiais.
5. Solicitações e perguntas.

Desenvolvimento da sessão:

1. Aprova-se por unanimidade a ata da reunião anterior.

2. Abre-se o debate sobre o segundo ponto.
O Sr. Henrique se oferece para confeccionar o folheto.
Os demais assistentes mostram-se favoráveis à ideia.
Discussão sobre o conteúdo do folheto.
A Sra. Maria Madureira propõe que se utilize papel reciclado para a impressão e sugere que sejam utilizados os serviços da gráfica Juarez, que oferece bons preços.
A Sra. Cristina Pontes argumenta que o preço do papel reciclado é maior do que o do papel comum e que a fundação não tem condições de arcar com esse custo adicional.
A questão é submetida à votação e aprova-se por maioria a opção pelo papel reciclado.

3. Abre-se o debate sobre o terceiro ponto.
O Sr. Paulo Valinho informa que os cursos de formação profissional terão duração de três meses e que seu horário será das 9h às 13h, de segunda a sexta-feira, exceto nos feriados. Acrescenta que o começo das atividades estava previsto para o dia 24 de setembro, mas solicita adiar a data de início em pelo menos uma semana porque ainda não foram preenchidas todas as vagas.
A Sra. Maria da Paz apoia a proposta e solicita ao Sr. Valinho que apresente o calendário definitivo quando estiver definida a nova data de início dos cursos.
Os demais assistentes mostram-se favoráveis e concordam com o adiamento da data de início dos cursos.

4. Abre-se o debate sobre o quarto ponto.

Por unanimidade decide-se adiar a discussão sobre este ponto para a próxima reunião, que se realizará no dia 24 de outubro de 2007.

Não há solicitações ou perguntas.

Decisões:

1. O Sr. Henrique será o responsável pela confecção do folheto publicitário.

2. Os conteúdos básicos do folheto serão: apresentação resumida dos serviços que a fundação oferece, nome e titulação dos profissionais, endereço postal e e-mail, números de telefone do centro e fotografias deste.

3. A impressão do folheto será realizada pela gráfica Juarez e será utilizado papel reciclado.

4. Adia-se em pelo menos uma semana o início dos cursos de formação profissional. Ao começarem, sua duração será de três meses e o horário das 9h às 13h, de segunda a sexta-feira, exceto nos feriados.

O calendário definitivo dos cursos será apresentado oportunamente.

5. O novo projeto de inclusão para alunos com necessidades especiais será objeto de debate na próxima reunião, que se realizará no dia 24 de outubro de 2007.

A diretora encerra a sessão. Eu, Ana Molina, como secretária, lavro a presente Ata.

Ana Molina	Maria da Paz
Secretária	Diretora

O MEMORANDO

O memorando é o texto mais utilizado na comunicação interna da empresa. Trata-se de um texto curto para que colegas entre si e superiores, dirigindo-se aos seus subordinados, possam abordar determinados assuntos, transmitir ordens ou fazer indicações.

Embora seja correto pensar que muitos memorandos que hoje se escrevem diariamente poderiam ser substituídos por chamadas telefônicas, também é verdade que a comunicação escrita, quando o texto está bem redigido, evita mal-entendidos e, arquivada, é útil para futuras consultas.

Por outro lado, o clássico memorando em papel tem sido substituído pelo e-mail, que cumpre a mesma função. A maior parte do que dissermos agora será válido para esse dois caminhos.

Nos memorandos, é preciso realizar um esforço de concisão ainda maior do que nos outros textos profissionais. O destinatário deve investir o menor tempo possível para conhecer a informação que queremos transmitir. Mas a intenção de sermos breves não deve nos levar a redigir textos ambíguos ou ininteligíveis.

O registro em que o memorando deve ser escrito depende da relação hierárquica entre emissor e destinatário. Se ambos possuem o mesmo nível profissional, o tom do texto pode ser informal e mais próximo. Se, ao contrário, o texto está dirigido por um superior a seu subordinado, o tom deverá ser distante e formal.

Quanto à estrutura do memorando, é a seguinte:
↪ Timbre da empresa ou do órgão público
↪ A palavra "MEMORANDO" centralizada na página
↪ Assunto, que é um breve resumo do que está no texto
↪ Data
↪ Endereço do destinatário
↪ Texto
↪ Despedida
↪ Assinatura
↪ Qualificação

Muitas empresas contam com folhas já impressas, em formato próprio para memorandos. Nelas aparece o timbre da empresa e a palavra "MEMORANDO" na parte central superior do papel, assim como as palavras "de" e "para", seguidas de dois-pontos, para que se coloque o nome ou o cargo do emissor e do destinatário.

Alguns elementos da estrutura acima descrita podem ser omitidos em determinadas circunstâncias, mas isso é comum e pode justificar-se. O assunto, por exemplo, pode ser excluído no caso de o texto ser pouco extenso; a despedida é desnecessária quando emissor e destinatário estão frequentemente em contato; o endereço pode reduzir-se ao nome do destinatário, etc.

Quanto à maneira de fazer o texto chegar às mãos do destinatário, em geral o memorando não precisa de envelope, a não ser que o conteúdo seja confidencial.

- *Exemplos de memorando:*
  ↳ Memorando informal

NEW LOOK Ltda.
Rua Princesa Bela, 543
CEP 04119-500
São Paulo - SP
Tel.: 7222-8888 Fax: 7222-7766
modanova@newlook.com.br

MEMORANDO

4 de março de 2010

DE: Ana Silveira (chefe de vendas)
PARA: Luis Rios (chefe de marketing)

Diga-me o endereço do cliente que teremos de visitar depois de amanhã para apresentar nossos novos produtos e falar sobre a campanha publicitária. Seria bom que antes disso conversássemos você e eu para definirmos os detalhes dessa reunião. Seria melhor para mim se você viesse à minha sala amanhã, às 10h. Por favor, diga-me se está bem para você.

Ana Silveira
Chefe de vendas

↳ Memorando formal

INFORMÁTICA LEROI Ltda.
Av. Solidão, 890
CEP 04000-555
São Paulo - SP
Tel.: 3000-7654 Fax: 3000-7655
leroiclientes@leroi.com.br

MEMORANDO
Assunto: Cursos de formação
16 de maio de 2010

DE: Chefe de pessoal
PARA: Chefes de seção

Comunico-lhes que, do dia 7 ao dia 14 de outubro, haverá cursos de formação organizados pela empresa para os nossos funcionários. O horário dos cursos será das 8h às 10h, em dois turnos de uma hora, e a presença é obrigatória, uma vez que serão ministrados dentro do horário de trabalho. Cada chefe de seção deverá distribuir seus funcionários entre os dois turnos. As aulas ocorrerão nas salas disponíveis do segundo andar.

Carlos Dias
Chefe de pessoal

A CIRCULAR

A circular é uma carta que um único emissor remete a vários destinatários. Existem dois tipos de circular: a interna e a externa. A circular interna é um memorando remetido a várias pessoas. Com a circular externa, dirigida em geral aos clientes de uma empresa, estes são informados sobre a constituição, modificação ou dissolução da empresa — nestes casos o texto inclui os motivos para tais mudanças —, a alteração de preços, novas ofertas de produtos ou serviços, mudanças de endereço ou número de telefone, etc. Também podem ser consideradas circulares as cartas publicitárias que as empresas enviam a um grande número de pessoas.

Em geral, não se dá uma resposta às circulares, mas é possível fazê-lo por uma questão de cortesia ou se houver a intenção de iniciar uma operação comercial.

Os formatos que a circular adota são muitos. Vejamos um, a título de exemplo:
- ↳ Timbre da empresa ou instituição: o normal é que apareça na parte central e superior do documento
- ↳ Número da circular
- ↳ Assunto: nesta parte faz-se uma brevíssima indicação do conteúdo da circular
- ↳ Lugar e data em que foi enviada
- ↳ De: o nome ou cargo da pessoa que envia a circular
- ↳ Para: o nome das pessoas ou órgãos a que se envia a circular

↳ Corpo: o conteúdo da circular
↳ Frase de despedida
↳ Nome, sobrenome e cargo do emissor
↳ Assinatura.

- *Exemplo de circular:*

Secretaria da Saúde do Município de São José
Circular Informativa SR 30/04

Assunto: Direito às férias dos médicos eventuais do Sistema de Saúde Municipal

São José, 22 de fevereiro de 2005

De: Ruy Gonçalves
Para: Hospitais e postos de saúde municipais

Tendo surgido dúvidas com relação ao direito às férias dos médicos do Sistema de Saúde Municipal que prestam serviços eventuais em hospitais e postos de saúde, cumpre esclarecer o seguinte:
O artigo 15 da Portaria nº 59/2004, de 20 de dezembro, determina que "Os servidores da saúde poderão gozar a dispensa para férias prevista na legislação específica do serviço público...", estabelecendo ainda que, sem prejuízo dos limites previstos na legislação, "o período de férias a gozar será de dois dias úteis a cada período de 80 horas por mês".
Conjugando a legislação que estabelece o regime de férias, faltas e licenças dos funcionários e agentes da administração pública, tendo em vista o disposto no artigo 2º do Decreto-Lei 10/99, de 30 de março, com o regime especial, resulta o seguinte entendimento:
1. Os médicos que prestam serviços eventuais têm direito ao gozo de 24 dias úteis de férias, sob autorização do Conselho de Administração do Hospital ou da direção do posto de saúde em que estiverem prestando serviços habitualmente.
2. Esta interpretação visa a assegurar o integral gozo do direito às férias por parte dos médicos que prestam serviços eventuais ao Município, e ao mesmo tempo garantir a prestação de serviços mínima, conforme previsto nos artigos 2 e 3 da Portaria nº 59/2004, de 20 de dezembro.

Ruy Gonçalves
Secretário de Saúde

6.
Anexos

FRASEOLOGIA PARA A CORRESPONDÊNCIA FORMAL

Saudações iniciais
(por ordem crescente de conhecimento entre emissor e receptor)

Senhor: / Senhora: / Senhores:
Prezados senhores:
Prezado senhor: / Prezada senhora:
Prezado cliente: / Prezada cliente:
Prezado colega: / Prezado colega:
Caro amigo: / Cara amiga:

Observação: Pode-se usar vírgula no lugar dos dois-pontos ou mesmo eliminar a pontuação.

Despedidas

Agradecendo sua atenção, subscrevo-me cordialmente
Na expectativa de sua resposta, despeço-me atenciosamente.
Atenciosamente
Cordialmente
Cordiais saudações
Um abraço
Um forte abraço

Fórmulas de abertura

Para iniciar o texto quando não houve contato anterior:
Temos (tenho) o prazer (a honra) de comunicar-lhe (notificar-lhe, anunciar...)
Temos (tenho) a honra de trazer ao seu conhecimento que...
Queremos (quero) trazer ao seu conhecimento que...
É com muita satisfação que trazemos ao seu conhecimento que...

Para dar continuidade a um contato já estabelecido:
Confirmamos o recebimento de sua carta de (data)...
Com relação ao envio de sua carta de (data)...
Respondendo à sua carta de (data)...
Acusamos o recebimento de sua carta do dia 16 do corrente mês...
Recebemos sua carta de (data)...
Chegou às nossas mãos sua carta do dia 4 do corrente mês...

Para retomar contatos:
Desculpando-nos por não ter respondido antes...
Voltamos a entrar em contato com os senhores para...

Dirigimo-nos ao senhor a fim de comunicar-lhe...
Vimos comunicar-lhe...
Informamos que...
Conforme nosso acordo...
Dando continuidade ao nosso primeiro contato...
Mediante esta carta...

Fórmulas de encerramento

À espera de sua resposta...
Agradecendo a atenção dispensada...
À espera de sua deliberação...
Ficamos à sua inteira disposição para...
Agradecendo seu interesse...
Reiterando nossos agradecimentos...

GUIA DE CONECTIVOS ORACIONAIS

Como já dissemos várias vezes ao longo destas páginas, em qualquer texto técnico ou profissional é fundamental que a mensagem seja comunicada com clareza, e esta clareza depende, em boa parte, de como encadeamos as ideias. Ou, em outras palavras, de como unimos uma frase com a outra.

Para facilitar a tarefa, apresentamos a seguir uma lista de conectivos oracionais de acordo com a função que exercem no texto. Os conectivos são palavras ou locuções (grupos de palavras) que estabelecem a conexão das ideias expostas num texto, dando-lhe coesão. Além disso, o uso de diferentes conectivos para um mesmo tipo de relação lógica confere vivacidade e riqueza ao texto, colaborando para evitar a monotonia.

Conectivos oracionais

Para introduzir o tema do texto
O objetivo principal de...
Este texto tem por objetivo...
Nosso objetivo é...

Para retomar o tema do texto
Conforme dizíamos...
Voltando ao tema principal...
Retomando o primeiro ponto...

Para iniciar novo tema
Com relação a...
Com referência a...
Outro ponto é...
Quanto a...
No que tange a...
A propósito de...
O ponto seguinte trata de...
Acerca de...

*Para estabelecer uma ordem
para a argumentação*
↳ *Na abertura:*
Em primeiro lugar...
Primeiramente...
Primeiro...
Inicialmente...
Antes de tudo...
Antes de mais nada...
Para começar...

↳ *Para continuar:*
Em segundo lugar...
Segundo...
Em terceiro lugar...
Terceiro...

↳ *Para finalizar:*
Em último lugar...
Finalmente...
Para finalizar...
Para concluir...
Por último...
Em resumo...
Em conclusão...
Em suma...
Resumindo...
Recapitulando...
Em poucas palavras...
Retomando o mais importante...
Em última análise...

↳ *Para distinguir:*
Por um lado... / por outro...
Por uma parte... / por outra...
Em contraposição...
Em contrapartida...
No entanto...
Contudo...
Todavia...

Não obstante...
A despeito de...
Pelo contrário...

↳ *Para desenvolver um ponto:*
Além disso...
De fato...
De igual forma...
Do mesmo modo...
Igualmente...
Inclusive...

↳ *Para enfatizar ou esclarecer:*
Ou seja...
Em outras palavras...
Dito de outro modo...
Para dizer sem rodeios...
Conforme dissemos...
Vale a pena insistir que...
Vale a pena notar que...
É preciso destacar que...
O mais importante é que...
A ideia central é...
Precisamos enfatizar que...
Levemos em conta que...
Com efeito...

↳ *Para dar detalhes:*
Por exemplo...
Verbi gratia...
A título de exemplo...
Valha como exemplo...
Em particular...
No caso de...
Concretamente...

↳ *Para indicar noção de tempo:*
Anterioridade:
Antes...
Anteriormente...

Até o momento...
Até agora...
Pouco antes...

Simultaneidade:
Neste momento...
Agora mesmo...
Ao mesmo tempo...
Simultaneamente...
Enquanto isso...

Posterioridade:
Depois...
A partir de agora...
Mais tarde...
Mais à frente...
Imediatamente...
Ato contínuo...

↳ *Para indicar causa:*
Porque...
Visto que...
Em razão de...
Em virtude de...
Já que...
Uma vez que...
Graças a...
Considerando que...
Levando em conta que...
Por força da...
Dado que...

↳ *Para indicar consequência:*
Em consequência...
Por conseguinte...
Portanto...
De modo que...
De maneira que...
De forma que...
Razão pela qual...

Por isso...
Daí que...
Por este motivo...
Por esta razão...

↳ *Para indicar uma condição:*
Se...
Caso...
A menos que...
Com a condição de que...
Contanto que...
Supondo-se que...

↳ *Para indicar finalidade:*
Para...
Em vista de...
A fim de que...
Com a finalidade de...
Com o objetivo de...

↳ *Para indicar oposição:*
Em oposição...
Não obstante...
Pelo contrário...
Contudo...
No entanto...
Mas...
Não só..., mas...

↳ *Para indicar objeção:*
Embora...
Se bem que...
Apesar de...
Contudo...
Malgrado...
Em que pese...

↳ *Para indicar atenuação:*
Se por acaso...
Em todo caso...

Em certa medida...
De certo modo...
Até certo ponto...
↪ *Para indicar intensificação:*

Sobretudo...
Mais ainda...
Especialmente...
Principalmente...

> A variedade no uso de conectivos torna o texto mais dinâmico e mais agradável à leitura.

ABREVIATURAS NOS TEXTOS TÉCNICOS E PROFISSIONAIS

A/C — ao(s) cuidado(s) de
adap. — adaptação
adm. — administração, administrador
adv. — advogado
Al. — alameda
anál. — análise
arq. — arquivo
art. — artigo
Av. — avenida
b.f. — boas-festas
B.O. — boletim de ocorrência
bibl. — bibliografia, bibliográfico ou biblioteca
c/c — conta corrente
cálc. — cálculo
cap. — capital, capitão, capítulo
CDB — certificado de depósito bancário
cf. — confere, verifica
Cia. — companhia
cód. — código
cx. — caixa
D.ª — dona
decr. — decreto
Desemb. — desembargador
docum. — documentação
e.c.f. — é cópia fiel
E.D. — espera deferimento
E.M. — em mão, em mãos
emp. — empresa

etc. — *et cetera*, etcétera
Ex.ª — Excelência
fs. — fac-símile
Gov. — governador
gráf. — gráfico
h — hora(s)
i.e. — *id est* (isto é)
ibid. — *ibidem* (no mesmo lugar)
id. — *idem* (o mesmo)
Il.mo., Il.ma. — Ilustríssimo, Ilustríssima
indet. — indeterminado
inform. — informação
inscr. — inscrição, inscrições
internac. — internacional
kg — quilograma
km — quilômetro(s)
km² — quilômetro(s) quadrado(s)
km/h — quilômetro(s) por hora
legisl. — Legislação
loc. cit. — *loco citato* (no lugar citado)
Ltda. — limitada
m — metro(s)
m² — metro(s) quadrado(s)
min — minuto(s)
n.º — número
obs. — observação
op.cit. — *opus citatum* (obra citada)
pág., págs. — página, páginas
p.ex. — por exemplo
pg. — pago
prof. — professor
profa. — professora
P.S. — *post scriptum* (pós-escrito)
Q.G. — quartel-general
R. — rua
s — segundo(s) (de tempo)
S.A. — sociedade anônima
s/d — sem data
séc. — século
sécs. — séculos

Sr. — senhor
Sr.a. — senhora
Sr.as. — senhoras
Sr.es. — senhores
S.S.a. — Sua Senhoria
S.S.as. — Suas Senhorias
t. — tonelada
tel. — telefone
TV — televisão
VT — videoteipe
vol., vols. — volume, volumes

7. Últimos conselhos

RECORRER A MATERIAL DE APOIO

Não deve faltar em nosso escritório, perto de nossa mesa de trabalho, material de consulta para resolver nossas dúvidas. É ocioso dizer que um texto com erros de qualquer tipo põe em xeque o profissionalismo de quem escreve e, para além disso, a imagem da empresa ou do órgão público em que se trabalha. Por isso, convém ter à mão:

- *Uma enciclopédia,*
- *Um dicionário geral,*
- *Um dicionário de sinônimos,*
- *Dicionários de outros idiomas,*
- *Dicionários ou vocabulários especializados,*
- *Um manual de textos administrativos.*

USAR A INFORMÁTICA

O computador e seus programas, bem como a internet, são uma fonte de recursos muito útil para que realizemos a contento a tarefa de redigir um texto. Por um lado, a web nos permite acessar informações de todo gênero que poderão nutrir os nossos escritos. Por outro lado, os processadores de texto, os dicionários eletrônicos, os corretores ortográficos — mas fiquemos sempre atentos porque não são 100% confiáveis — ou os programas e ferramentas para desenhar gráficos são uma grande ajuda para cuidarmos da linguagem e da apresentação de nossa comunicação escrita.

8.
Conclusão

Ao longo deste livro, insistimos em duas ideias básicas, e não será demais reiterá-las pela última vez. Por um lado, o fato de que o êxito de uma gestão ou de uma iniciativa profissional depende em grande medida da qualidade dos textos que produzirmos. Por outro, a necessidade de entender a elaboração de um texto como um processo a ser desenvolvido com método.

Na primeira parte, propusemos um método de resultados garantidos. Mas, como acontece em tantas outras situações, redigir com eficácia um texto técnico ou profissional não é apenas uma questão de método, mas também de prática.

A prática nos levará, se não se transformar em mero automatismo, a vencer com cada vez maior rapidez e segurança as etapas do processo e a saber adaptar o método ao tipo de texto que estejamos escrevendo.

O mesmo se pode dizer com relação aos erros estilísticos sobre os quais discorremos. Uma vez adquirida a consciência sobre os erros que nós porventura cometamos e sobre o modo de não cometê-los mais, saberemos detectá-los e corrigi-los com diligência.

Tudo isso conduzirá ao aproveitamento de nossas horas de trabalho e, sobretudo, será um forte impulso para escrevermos textos cada vez melhores.

Bibliografia

BORGES, Antônio Fernando. *Não perca a prosa: o pequeno guia da grande arte da escrita*. Rio de Janeiro: Versal, 2003.

CLAVER, Ronald. *A arte de escrever com arte*. Belo Horizonte: Autêntica, 2006.

COELHO NETO, Aristides. *Além da revisão: critérios para revisão textual*. Brasília: Senac: 2008.

GARCEZ, Lucília Helena do Carmo. *Técnica de redação: o que é preciso saber para bem escrever*. São Paulo: Martins Fontes, 2001.

GOLD, Miriam. *Redação empresarial: escrevendo com sucesso na era da globalização*. São Paulo: Pearson, 2005.

HENRIQUES, Antonio. *Curso de português jurídico*. São Paulo: Atlas, 2007.

PERISSÉ, Gabriel. *A arte da palavra: como criar um estilo pessoal na comunicação escrita*. Barueri: Manole, 2002.

SQUARISI, Dad. *A arte de escrever bem: um guia para jornalistas e profissionais do texto*. São Paulo: Contexto, 2004.

Este livro foi composto com tipografias Minion Pro e Officina Sans
e impresso em papel Off Set 90 g/m^2 na Gráfica Formato.